# RICHTIG WILD

## MODERNE WILDREZEPTE – VIELFÄLTIG UND VERDAMMT LECKER

Martin Kintrup

# Richtig Wild

## Moderne Wildrezepte – vielfältig und verdammt lecker

Mit Fotos von Merle Weidemann

LV.Buch

Wochenblatt
für Landwirtschaft und Landleben

# Inhalt

## Rezepte mit Hasen- und Kaninchenfleisch



## Rezepte mit Wildgeflügelfleisch

# Vorwort

In meiner Brust schlagen zwei Herzen: das lustvolle des Kochbuchautors und Genuss-Essers und das vernünftige des Landschaftsökologen. Manchmal geraten diese beiden in Konflikt, beispielsweise wenn ich mal wieder von Fast-Food-Gelüsten geplagt werde. Manchmal jedoch schlagen beide im gleichen Takt. Genau dann, wenn es köstlich schmeckt und dabei alle Ansprüche an Nachhaltigkeit erfüllt werden. Die heimische Wildküche ist so ein glücklicher Fall. Wenn genial-leckere Wildgerichte serviert werden, landet nämlich ganz nebenbei Nachhaltigkeit auf dem Teller.

Denn Wild lebt artgerecht und versorgt sich in der heimischen Natur selbst. Ein unschätzbares Plus! Zusätzlich ist Wild ein ganz besonderes kulinarisches Erlebnis. Entgegen anderslautender Vorurteile schmeckt es keineswegs streng, sondern angenehm würzig und intensiv aromatisch. Für Fleischliebhaber ein absolutes Highlight. Und noch ein Vorurteil ist nur heiße Luft: Die Zubereitung ist keineswegs kompliziert! Gelegentlich dauert sie zwar etwas länger, dafür ist sie mit ein bisschen Know-how gelingsicher und absolut anfängertauglich.

Wer bei Wildküche zuallererst an Braten, Ragout oder Medaillons denkt, liegt gar nicht mal falsch. Denn diese zeitlosen Klassiker haben viele Fans und brauchen bestenfalls ein kleines Tuning, z. B. durch eine leichte, fruchtige Soße oder kreative Beilagen. Doch die Wildküche kann auch trendy: Meine neuen Favoriten sind Tacos, Bowls und Burger im Streetfood-Style, Asia-Hits wie koreanisches Bulgogi und vietnamesische Pho-Suppe oder gegrillte Steaks, Medaillons und Ribs in würzigen Marinaden. Und wer kann schon bei Pasta al Ragù, Lasagne, Risotto oder Paella vom Mittelmeer »Nein« sagen?

Auch wenn ich es leger liebe: Wild ist und bleibt das perfekte Essen für besondere Anlässe, etwa für Sonn- und Feiertage mit Freunden oder der Familie. Der Clou in diesem Buch: In jedem Kapitel finden sich dafür zwei Menüs, in denen der Wildgang durch eine passende Vorspeise und ein unwiderstehliches Dessert perfekt abgerundet wird. Wie die Vorbereitung dafür am besten organisiert wird, zeige ich auf den Seiten 148 - 153.

Und jetzt viel Freude beim Durchblättern, Nachkochen und Genießen!

Ihr

Martin Kintrup

# Wildfleisch – Nachhaltig genießen

Rosa gebratene Medaillons, butterzartes Gulasch oder saftige Burger: Perfekt zubereitete Fleischgerichte sorgen für regelrechte Glücksmomente auf der Zunge. Zu unterschiedlichsten Anlässen genießen wir sie gemeinsam: Knusprig gebräunt beim Grillen mit Freunden, sanft geschmort als Festtagsbraten mit der Familie oder bei Niedertemperatur extrazart gegart mit dem „Schatz" im edlen Restaurant. Fleisch ist ein wichtiger Teil unserer Kultur und gehört ganz einfach zu unserer kulinarischen DNA.

Weil wir Fleisch seit jeher lieben, kamen unsere Vorfahren schon vor Jahrtausenden auf die geniale Idee, Tiere zu domestizieren. Statt vom wechselhaften Jagderfolg abhängig zu sein, wurde durch die Zucht der Zugang zur wertvollen Proteinquelle deutlich einfacher gemacht – neben dem Ackerbau ein wichtiger Motor der menschlichen Entwicklung. Inzwischen stoßen Fleischproduktion sowie Fleischkonsum aber an Grenzen.

Daher gilt: Weniger und nachhaltiger ist mehr! Auf dem Weg in eine klimaneutrale Zukunft ist eine gewisse Reduktion des Fleischkonsums ein wichtiger Faktor. Das ist nicht nur ein frommer Wunsch von Ökofundamentalisten, sondern wird immer mehr zum gesellschaftlichen Konsens. Und diese Einsicht ist auch aus anderen Gründen sinnvoll: Denn wir essen mehr Fleisch, als wir ernährungsphysiologisch benötigen. Die deutsche Gesellschaft für Ernährung empfiehlt 300–600 g, also zwei bis drei Fleischmahlzeiten pro Woche. Real liegen Fleischesser hierzulande im Schnitt allerdings bei 1,3 kg.

Die leckere Lösung liegt wie häufig so nah. Neben bewusstem Genuss von Fleisch aus nachhaltiger, konventioneller Erzeugung und aus Biobetrieben ist der neue Favorit für den gelegentlichen Fleischgenuss: heimisches Wildbret, möglichst aus der näheren Umgebung! Rehe, Hirsche, Wildschweine und Co. leben quasi in Eigenregie artgerecht, brauchen keine Zufütterung und keine Tiertransporte. Das macht heimisches Wild nicht nur aus Nachhaltigkeitsaspekten unschlagbar, auch kulinarisch ist es ein echter Hit. Denn wer den etwas kräftigeren Geschmack einmal zu schätzen gelernt hat, mag nie wieder auf Wildgulasch, Steaks und feine Filets verzichten.

Dafür heißt es: Beim Einkauf raus aus der Komfortzone. Denn im Supermarkt wird man nur selten fündig. Wer einen Jäger im Bekanntenkreis hat, ist ein Glückspilz. Auch beim Wildhändler auf dem Wochenmarkt, beim Metzger oder teilweise in den Hofläden gibt es Wildfleisch zu kaufen. Eine gute Adresse sind zudem die staatlichen Forstämter und vor allem die Jagdverbände der Bundesländer, die zum Teil auch virtuelle Marktplätze für Wildfleisch anbieten, wie zum Beispiel www.wild-auf-wild.de.

# Werkzeugkiste

Schneebesen, Schneidebrett und Schüsseln gehören neben allerlei anderem zur Standardausstattung jeder Küche. Darüber hinaus gibt es jedoch Küchenwerkzeug, das speziell für die Wildküche hilfreich ist. Hier eine kleine Übersicht über die besonders wertvollen Helfer:

## Fleischmesser

In der Wildküche wird allerhand geschnitten und zerlegt. Passende Fleisch-, Tranchier- oder Schinkenmesser gibt es in unterschiedlichsten Ausführungen. Allen gemein ist die meist 21 cm lange, flache, dünne und sehr scharfe Klinge. Sie ermöglicht es, das Fleisch besonders präzise zu schneiden. Flache Klingen von 2,5 – 3 cm sorgen zudem dafür, dass das Fleisch nicht zu stark haften bleibt. Eine gute Ergänzung ist das kleinere und handlichere Ausbeinmesser, mit dem sich Haut, Knochen und Sehnen gut entfernen lassen.

## Fleischklopfer

Besonders Schnitzel, Koteletts und durch den sogenannten Schmetterlingsschnitt vergrößerte Fleischstücke werden durch Klopfen in Form gebracht. Ist man früher häufig eher brachial vorgegangen, wird heute vorsichtig mit der glatten Seite geklopft – zum Teil sogar zwischen zwei Lagen Frischhaltefolie, um die Fleischstruktur nicht zu zerstören. Gute Alternativen sind der Kotelettklopfer, das Plattiereisen oder – bei Nutzung von Frischhaltefolie – der Boden einer Kasserolle (Topf mit Stiel).

## Fleischwolf

Egal, ob per Hand oder elektrisch: Der Fleischwolf ist unerlässlich für die Zubereitung von Frikadellen (siehe Seite 38/39) und Burger-Patties (siehe Seite 66/67). Vor der ersten Verwendung und nach jeder weiteren ist eine gründliche Reinigung per Hand Pflicht. Damit die Arbeit nicht zu anstrengend wird, das Fleisch schon vorher in Würfel schneiden und schwer zerkleinerbare Teile wie Sehnen entfernen. Da bei der Verarbeitung Wärme entsteht, ist es ratsam, ausschließlich mit gekühltem oder sogar leicht angefrorenem Fleisch zu arbeiten. Die Lochscheiben eventuell einfetten, damit das Fleisch besser hindurchgleiten kann. Für die Herstellung von Bratwurst (siehe Seite 36/37) ist zudem ein Wurstfüllaufsatz erforderlich.

## Fleischthermometer

Gerade die zarten Fleischstücke aus dem Rücken von Reh, Hirsch, Wildschwein, Hase und Kaninchen sollten möglichst rosa auf den Tisch kommen. Dafür ist die richtige Kerntemperatur das A und O. Fleischthermometer erlauben eine genaue Kontrolle. Man steckt eine Sonde in die Mitte des Fleisches und überwacht so den Temperaturanstieg im Innern. Inzwischen Standard: Digitale Thermometer, bei denen die Temperatursonde mit einem stahlummantelten Kabel mit dem Basisgerät verbunden ist. Die Zieltemperatur kann voreingestellt werden. Wird diese erreicht, ertönt ein Alarm. Die entspannte Luxusversion: Thermometer mit Bluetooth-Technik. Diese ermöglichen die Temperaturkontrolle über das Smartphone, während man bei Tisch entspannt die Vorspeise eines Menüs genießt.

## Pfannenwender

Da Pfannenwender bei hohen Temperaturen zum Einsatz kommen, sollten sie aus hitzebeständigen Materialien bestehen. Perfekt geeignet sind Pfannenwender aus Edelstahl, sofern eine unbeschichtete Pfanne verwendet wird. In beschichteten Pfannen sind Pfannenwender aus Holz oder Silikon die beste Wahl. Sie schonen die Beschichtung und sind sehr hitzebeständig. Ungeeignet sind Wender aus bisphenol-A-(BPA) oder melaminhaltigen Kunststoffen, da diese bei hohen Temperaturen kritische Stoffe freisetzen können.

## Küchengarn, Rouladennadeln & Spieße

Lebensmittelechtes Baumwollgarn sorgt dafür, dass Fleisch auch beim Braten und Backen in der gewünschten Form bleibt. So können Braten, z.B. Sauerbraten (siehe Seite 76/77), und Rückenstücke damit gebunden werden, genauso wie Geflügel am Stück – etwa durch Zusammenbinden der Keulen („Bridieren"). Auch um mageres Fleisch gelegte Speckscheiben lassen sich damit fixieren („Bardieren"). Häufig wird auch Gerolltes, etwa Rouladen (siehe Seite 60/61), damit zusammengehalten. Dafür eignen sich aber ebenso gut kleine Rouladennadeln aus Edelstahl. Diese kommen zudem bei Saltimbocca (siehe Seite 20/21) zum Einsatz, um Schinken und Salbei an den kleinen Wildschweinschnitzeln zu befestigen. Spieße aus Edelstahl sind perfekt fürs Grillen und Braten in der Pfanne geeignet (siehe Wildschweinlendchen Seite 46/47). Alternativ lassen sich dafür Holzspieße verwenden. Für den Einsatz auf dem Grill müssen diese jedoch ausreichend gewässert sein.

## Küchenpinsel

Wer nicht auch seine Hände würzen möchte, trägt Marinaden am besten mit dem Pinsel auf das Wildfleisch auf, denn Honig oder würzige Marinaden sorgen für einen besonderen Glanz und jede Menge Würze. Klassische, hitzebeständige Backpinsel bestehen aus einem Buchenholzgriff, einer Metallzwinge und Naturborsten. Mittlerweile gibt es auch Modelle mit Silikonborsten. Spezielle Grillpinsel haben einen besonders langen Stiel, um Verbrennungen zu verhindern.

## Extras

Die Werkzeugkiste für die Küche kann natürlich beliebig erweitert werden. Sehr hilfreich und sinnvoll ist ein Stabmixer inklusive Blitzhacker. Dieser nützt besonders beim Herstellen von Soßen und Marinaden. Eine Burgerpresse drückt Patties konsequent in die gleiche Form. Kartoffelstampfer oder Kartoffelpresse sind willige Helferlein bei der Herstellung schmackhafter Pürees aus Sellerie und Birnen, Kartoffeln und Roter Bete oder Süßkartoffeln (siehe Seiten 42/43, 88/89, 140/141). Eine Küchenreibe findet auf vielerlei Art Verwendung. In der Wildküche besonders wichtig: Zitronenschale damit fein abreiben oder altbackenes Brot zu feinen Semmelbröseln für Panaden verarbeiten.

Wildschwein

# Info

Während sich Wildarten wie Reh, Hase oder Fasan häufig auf Spaziergängen in der Landschaft beobachten lassen, agieren Wildschweine eher im Verborgenen, weil sie nachtaktiv sind. Und doch fühlen sich die Vorfahren der domestizierten Hausschweine in der Kulturlandschaft pudelwohl. So wohl, dass ihre Zahl hierzulande seit Jahren zunimmt und Bauern aufgrund der Wildschäden regional vor große Herausforderungen stellt. Selbst in Siedlungsgebieten sind die auffälligen Spuren dieser imposanten, bis zu 150 kg schweren Tiere inzwischen häufiger zu finden. Denn Wildschweine sind sehr anpassungsfähig und haben gelernt, dass sich neben dem Wald auch auf Feldern und in Gärten allerlei Essbares finden lässt. Dabei ist Schwarzwild nicht wählerisch: Das Nahrungsspektrum reicht von pflanzlichen Quellen wie Gräsern, Kräutern, Knollen, Wurzeln, Früchten und Samen über Tierisches wie Insekten, Würmer, Mäuse und Jungtiere bis hin zu Aas - Wildschweine sind eben Allesfresser. Parallel zum »Bevölkerungswachstum« ist auch die Jagdstrecke stark gestiegen: Zwischen 2010 und 2020 hat sie sich auf ca. 880 000 Tiere bundesweit pro Jahr verdoppelt, wobei die Zahlen jährlichen Schwankungen unterliegen.

Das beliebte Fleisch vom Wildschwein ist magerer als das vom Hausschwein, aber trotzdem saftig und angenehm würzig. Analog zum Schweinefleisch ist es in allerlei Zubereitungen vom Braten über Schnitzel bis hin zur Frikadelle ein echter Genuss.

Da Wildschweine Allesfresser sind, muss das Fleisch auf Trichinen, parasitisch lebende Fadenwürmer, untersucht werden.

| | |
|---|---|
| **Nacken** | als Braten, Pulled Pork, Hackfleisch, Steaks, Gulasch, in Suppen und Eintöpfen |
| **Rippen** | gegrillt (Spare Ribs), gesmokt, geschmort |
| **Schulter (Blatt)** | als Braten, Ragout, Gulasch, Hackfleisch, Knochen für Fond und Brühe/Suppen |
| **Keule** | im Ganzen als Braten, entbeint als Schinken, Ober- und Unterschale als Schnitzel oder Steaks, Nuss als Schmorbraten oder bei Niedertemperatur gegart |
| **Haxe** | geschmort, gepökelt, geräuchert, in Eintöpfen, für Fond |
| **Rücken** | im Ganzen gebraten oder geschmort, in Scheiben als Steaks oder Koteletts, ausgelöste Filets im Ganzen oder als Medaillons rosa gebraten oder gegrillt |
| **Innereien** | Leber kurz gebraten, Herz geschmort als Ragout, Nieren gebraten oder gedünstet |

**Optimale Kerntemperatur für kurzgebratene Stücke:**

| | medium (rosa) | well done (durch) |
|---|---|---|
| **Filet und Nuss** | 60–62 °C | 65 °C |
| **Keule** | - | 72–75 °C |
| **Rücken und Nacken** | - | 75–78 °C |

# Münchner Wildschweinschnitzel mit Kräuterkartoffeln

## Zutaten

Für 4 Personen

Für die Kartoffeln:
1 kg festkochende Kartoffeln
Salz
6 Zweige Zitronenthymian
2 Stängel Petersilie
4 Stängel Basilikum
1 Bio-Zitrone
1 Knoblauchzehe
40 g Butter
1/2 TL Honig
Pfeffer

Für das Fleisch:
8 Wildschweinschnitzel (à 125 g, z. B. aus der Oberschale)
1 Knoblauchzehe
Salz | Pfeffer
8 TL süßer Senf (z. B. Weißwurstsenf)
8 TL Meerrettich (aus dem Glas)
200 g altbackenes Weißbrot oder Brezen
40 g Haselnussblättchen
2 Eier (M)
2 EL Sahne
150 g Weizenmehl (Type 405)
250 g Butterschmalz

Die Kartoffeln schälen. In einem Topf knapp mit leicht gesalzenem Wasser bedecken und zum Kochen bringen. Mit schräg aufgelegtem Deckel bei schwacher bis mittlerer Hitze etwa 25 Minuten kochen, bis die Kartoffeln gar sind.

Das Fleisch z.B. mit der flachen Seite des Fleischklopfers plattieren. Knoblauch schälen, halbieren, mehrfach einritzen und die Schnitzel damit abreiben. Mit Salz und Pfeffer würzen. Dann von beiden Seiten jeweils mit Senf und Meerrettich bestreichen.

Für die Panade das Brot fein reiben und mit den Haselnussblättchen auf einen Teller häufen. Eier und Sahne in einem tiefen Teller verquirlen. Mehl auf einen dritten Teller häufen.

Die Kräuter waschen und trocken schütteln. Die Blätter abzupfen und grob hacken. Die Zitrone heiß waschen und trocken reiben. Die Schale von einer Zitronenhälfte abreiben und den Saft auspressen. Die andere Hälfte in Spalten schneiden. Die Kartoffeln abgießen und etwas ausdampfen lassen.

Den Backofen auf 80°C Ober- und Unterhitze vorheizen. Die Schnitzel zunächst im Mehl wenden, dann durch die Eiersahne ziehen und zum Schluss in der Brot-Haselnuss-Mischung wenden. Butterschmalz in einer großen Pfanne erhitzen, die Schnitzel darin in zwei Portionen jeweils etwa 8 Minuten von beiden Seiten goldbraun backen. Die Schnitzel auf eine Platte legen und ohne Abdeckung im Backofen warm halten.

Für die Kartoffeln die Knoblauchzehe fein würfeln. Die Butter mit dem Knoblauch in einem Topf erhitzen. Zitronenthymian, Zitronensaft und Honig hinzufügen. Mit Salz und Pfeffer würzen. Die Kartoffeln kurz in der aromatisierten Butter schwenken. Restliche Kräuter dazugeben und kurz durchschwenken.

Die Kräuterkartoffeln mit den Schnitzeln und den Zitronenspalten auf Tellern anrichten. Dazu nach Belieben süßen Senf reichen.

# Saltimbocca vom Wildschweinrücken

## Zutaten

Für 4 Personen

Für die Saltimbocca:
700 g Wildschweinrücken (ausgelöst)
3 Knoblauchzehen
Salz | Pfeffer
12 Scheiben luftgetrockneter Schinken (etwa 125 – 150 g)
2–3 Zweige Salbei
2 Lorbeerblätter
4 EL Olivenöl
125 ml trockener Weißwein (z. B. Sauvignon blanc)
2 TL Honig
evtl. Speisestärke

Für die Polenta:
2 Zweige Thymian
2 Zweige Rosmarin
800 ml Geflügelfond
2 Lorbeerblätter
160 g Polentagrieß
120 g Parmesan (am Stück)
60 g Butter (in Stückchen)
Salz | Pfeffer

Für die Tomaten:
250 g Cocktailrispentomaten (4 Rispen)
2 EL Olivenöl
2 TL Honig
1 Knoblauchzehe
Salz | Pfeffer

Den Wildscheinrücken in 12 ca. 1,5 cm dicke Scheiben schneiden. Diese flach auf die Arbeitsfläche legen und waagerecht tief einschneiden, aber nicht durchschneiden. Die Rückenstücke auseinanderklappen und wenden. Dann z.B. mit der flachen Seite des Fleischklopfers plattieren.

Knoblauch schälen und halbieren. Die Schnitzelchen damit abreiben, dann salzen und pfeffern. Schinkenscheiben zusammenklappen und auf die Schnitzelchen legen. Salbei waschen und trocken tupfen. 12 große Blätter abzupfen und auf den Schinken legen. Salbei und Schinken mithilfe von Rouladennadeln feststecken.

Für die Polenta Thymian und Rosmarin waschen. Den Fond erhitzen, Kräuter, Lorbeerblätter und 4 Knoblauchhälften dazugeben. Einmal aufkochen, dann zugedeckt bei schwacher Hitze 10 Minuten ziehen lassen.

Den Backofen auf 180 °C Ober- und Unterhitze vorheizen. Kräuter, Knoblauch und Lorbeerblätter aus dem Fond fischen und diesen erneut zum Kochen bringen. Polentagrieß unter Rühren einrieseln lassen. Bei schwacher bis mittlerer Hitze 10 Minuten zugedeckt quellen lassen, dabei immer wieder umrühren.

Tomatenrispen waschen und samt Stielen in eine Auflaufform legen. 2 EL Olivenöl und 2 TL Honig verrühren. Knoblauch schälen, dazupressen, salzen und pfeffern. Tomaten mit der Marinade bepinseln und im Backofen auf der mittleren Schiene 10 bis 12 Minuten garen.

Je 2 EL Olivenöl in zwei großen Pfannen erhitzen, die Saltimbocca darin mit der übrigen halbierten Knoblauchzehe auf der unbelegten Seite 2 Minuten anbraten, bis sie leicht gebräunt sind. Dann wenden und auf der zweiten Seite etwa 2 Minuten braten, bis der Schinken leicht gebräunt ist. Herausnehmen und zugedeckt in den Backofen stellen. Bratensatz mit Wein und Honig ablöschen, jeweils etwas einkochen lassen. Beide Soßenansätze in einer Pfanne mischen, mit Salz und Pfeffer abschmecken. Gegebenenfalls mit etwas Speisestärke leicht binden.

Parmesan fein reiben. Mit der Butter unter die Polenta rühren. Mit Salz und Pfeffer abschmecken. Tomaten und Saltimbocca aus dem Ofen nehmen. Rouladennadeln entfernen. Polenta auf tiefe Teller verteilen, Saltimbocca und Tomaten darauf anrichten und servieren. Die Soße zum Beträufeln des Fleischs dazu reichen.

# Bandnudeln mit Wildschweinragout

## Zutaten

Für 4 Personen

400 g Wildschweingulasch
2 EL Olivenöl
Salz | Pfeffer
1 1/2 EL Zucker
2 EL Tomatenmark
200 ml trockener Rotwein (z. B. Chianti)
100 ml Orangensaft
400 ml Wildfond
1 Lorbeerblatt
2 angedrückte Wacholderbeeren
2 EL getrocknete Steinpilze
100 g Möhren
100 g Knollensellerie
1 Zwiebel
2 Knoblauchzehen
30 g Butter
1 Zweig Rosmarin
3 Zweige Thymian
Abgeriebene Schale von 1 Bio-Orange
60 g italienischer Hartkäse (Pecorino oder Parmesan am Stück)
800 g frische Bandnudeln (z. B. Pappardelle, Seite 25)

Das Gulaschfleisch in kleine Stücke schneiden. Olivenöl in einem großen Topf erhitzen. Das Fleisch darin bei starker Hitze von allen Seiten anbraten, mit Salz und Pfeffer würzen. 1 EL Zucker im Topf hellbraun karamellisieren. Tomatenmark dazugeben und ebenfalls kurz karamellisieren. Mit Rotwein und Orangensaft ablöschen und etwas einkochen lassen.

Fond, Lorbeerblatt, Wacholderbeeren und Steinpilze dazugeben, alles mit halb geschlossenem Deckel bei schwacher bis mittlerer Hitze 1 Stunde schmoren lassen, dabei gelegentlich rühren.

Möhren, Sellerie, Zwiebel und Knoblauch schälen und fein würfeln. Butter in einer Pfanne erhitzen. Das Gemüse und den übrigen Zucker dazugeben und alles bei schwacher Hitze 10 Minuten dünsten, bis das Gemüse glasig und maximal leicht gebräunt ist.

Inzwischen die Kräuter waschen und trocken tupfen. Nadeln bzw. Blättchen abzupfen und fein hacken. Die Kräuter kurz mit dem Gemüse dünsten, dann alles zum Fleisch geben und weitere 30 Minuten mit schräg aufgelegtem Deckel schmoren. Den Käse mit einem Sparschäler in dünnen Streifen abziehen und mit den Händen grob zerbröseln.

Für die Nudeln kurz vor Ende der Garzeit in einem großen Topf reichlich Salzwasser zum Kochen bringen. Die Bandnudeln darin bissfest garen.

Orangenschale unter die Soße rühren, mit Salz und Pfeffer abschmecken. Eine Tasse Kochwasser abnehmen, die Nudeln abgießen und auf Tellern anrichten. Die Soße gegebenenfalls mit etwas Kochwasser verdünnen und binden. Das Wildschweinragout auf die Nudeln geben, den Käse darüber streuen.
Nach Belieben mit zusätzlicher Orangenschale und Kräutern garnieren.

## Zutaten

Für 4 Personen

600 g Mehl (am besten italienisches Pastamehl Tipo 00, ersatzweise Weizenmehl Type 405 oder 550)
6 Eier (L)
2 EL Olivenöl
2 Prisen Salz
1 EL Wasser

## Nudeln selbst machen

Wer genügend Muße und eine Nudelmaschine hat, kann Bandnudeln leicht selbst machen. Dafür das Mehl in eine Schüssel geben und eine Mulde hineindrücken. Die Eier in die Mulde geben, Olivenöl, Salz und Wasser hinzufügen.

Die Mischung zunächst mit den Knethaken des Handrührgeräts, dann mit den Händen kräftig zu einem glatten Teig verkneten. Diesen zu einer Kugel formen, in Frischhaltefolie schlagen und bei Zimmertemperatur mindestens 30 Minuten ruhen lassen.

Anschließend den Teig in 6 Portionen teilen. Diese mehrfach durch die Nudelmaschine laufen lassen. Dabei immer wieder seitlich einklappen, sodass der Teig gut durch die Maschine passt und eine gleichmäßige Teigbahn entsteht. Nach und nach dünner einstellen und bis etwa Stufe 5 weiter walzen. Den Teig auf eine bemehlte Arbeitsfläche legen und mit dem Teigrädchen zu breiten Bandnudeln schneiden. Übrigen Teig genauso verarbeiten.

Die Nudeln vor dem Kochen auf der bemehlten Arbeitsfläche mindestens 30 Minuten antrocknen lassen. Dann in reichlich kochendem Salzwasser bissfest garen.

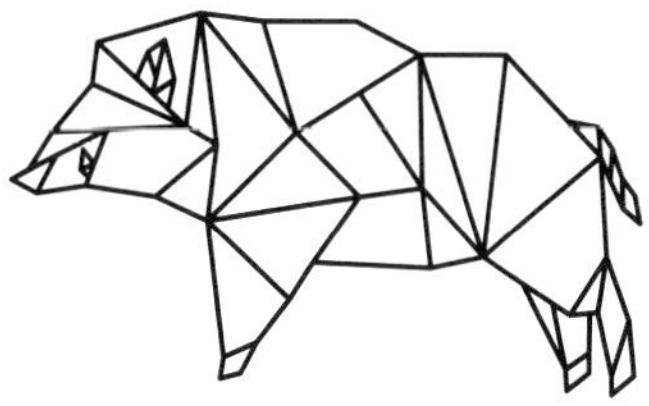

# Kichererbsen-Wildschweintopf

## Zutaten

Für 4 Personen

2 Zwiebeln
4 EL Olivenöl
400 g Wildschweingulasch
400 ml Wildfond
250 g gegarte Kichererbsen (z. B. aus der Dose)
250 g Möhren
4 Stangen Staudensellerie
2 Knoblauchzehen
1 rote Peperonischote
1 TL gemahlener Kreuzkümmel
1 TL gemahlener Koriander
1 EL Tomatenmark
1 EL Honig
1 Dose stückige Tomaten (425 ml)
1/2 Bio-Zitrone
2 Stängel Petersilie
Salz | Pfeffer
100 g griechischer Joghurt (10 % Fett)

1 Zwiebel schälen und fein würfeln. 2 EL Olivenöl in einer Pfanne erhitzen. Das Gulaschfleisch darin rundherum anbraten. Die Zwiebel dazugeben und kurz mitbraten. Dann 200 ml Fond angießen und alles zugedeckt bei schwacher bis mittlerer Hitze 40 Minuten schmoren lassen. Dabei nach und nach den übrigen Fond zugießen.

Inzwischen die Kichererbsen in einem Sieb kalt abspülen und abtropfen lassen. Möhren und Sellerie schälen bzw. putzen und waschen. Alles in kleine Stücke schneiden. Übrige Zwiebel und den Knoblauch schälen und fein würfeln. Die Peperonischote aufschlitzen, entkernen und waschen.

2 EL Olivenöl in einem großen Topf erhitzen. Zwiebel, Knoblauch, Möhren und Sellerie darin 3 Minuten andünsten. Kreuzkümmel, Koriander, Tomatenmark und Peperoni dazugeben. Alles etwa 2 Minuten unter Rühren anrösten. Dann Honig, stückige Tomaten und Kichererbsen dazugeben. Das Fleisch samt Sud hinzufügen, 600 ml Wasser angießen. Aufkochen und mit schräg aufgelegtem Deckel bei nicht zu starker Hitze etwa 25 Minuten köcheln lassen.

Die Zitrone heiß waschen, trocken reiben, die Schale abreiben und den Saft auspressen. Petersilie waschen und trocken schütteln, die Blätter abzupfen und fein hacken. Zitronenschale unter den Eintopf rühren, mit Zitronensaft, Salz und Pfeffer abschmecken und auf tiefe Teller verteilen. Mit griechischem Joghurt, Petersilie und nach Belieben Zitronenzesten garnieren.

# Meine Menükarte

Rucolasalat mit Pilzen,
Schalotten und Parmesan

Wildschweinsteaks in Kaffeekruste

Kaffee-Parfaits mit Pistazien-Krokant

Hinweise zur Menüzubereitung auf S. 150

# Wildschweinsteaks in Kaffeekruste

## Zutaten

Für 4 Personen

Für die Gnocchi:
800 g mehlig kochende Kartoffeln
Salz
300 g Weizenmehl (Type 550)
Mehl für die Arbeitsfläche
2 EL Butter

Für das Fleisch:
2 Zweige Rosmarin
5 EL Kaffeebohnen
60 g Butter
3 Knoblauchzehen
Salz | Pfeffer
8 Wildschweinsteaks bzw. -medaillons (aus Rücken oder Keule, à etwa 80 g)
2 EL Olivenöl

Für das Lauchgemüse:
2 Stangen Lauch (etwa 600 g)
Salz
1 Zwiebel
1 Knoblauchzehe
2 EL Butter
1 TL Honig
50 ml Gemüsebrühe
100 g Sahne
1 EL Weißweinessig
Salz | Pfeffer
frisch geriebene Muskatnuss

Für die Gnocchi die Kartoffeln waschen, in einem Topf knapp mit Salzwasser bedecken, zum Kochen bringen und mit schräg aufgelegtem Deckel bei schwacher bis mittlerer Hitze etwa 25 Minuten gar kochen.

Kartoffeln abgießen und 5 Minuten ausdampfen lassen. Dann pellen und mit einer Gabel fein zerdrücken. Etwas abkühlen lassen. Mit dem Mehl und 1/2 TL Salz rasch zu einem Teig verkneten, in 4 Portionen teilen.

Die Teigportionen auf der bemehlten Arbeitsfläche jeweils mit den Händen zu daumendicken Rollen formen. Die Rollen in etwa 1 cm lange Stücke schneiden. Diese mit einer Gabel leicht flach drücken.

In einem Topf Salzwasser zum Kochen bringen. Auf mittlere Hitze zurückschalten. Die Gnocchi portionsweise hineingeben. Wenn sie an der Oberfläche schwimmen, sind sie gar und können entnommen werden. Jeweils mit einem Schaumlöffel herausheben, abtropfen lassen und bis zur Verwendung nebeneinander auf Backpapier 1 Stunde ruhen lassen.

Den Backofen auf 120 °C Ober- und Unterhitze vorheizen. Rosmarin waschen und trocken tupfen. Von einem Zweig die Nadeln abzupfen und fein hacken. Kaffeebohnen fein zermörsern. Butter in einem kleinen Topf schmelzen, 1 Knoblauchzehe schälen und dazu pressen. Gehackten Rosmarin und Kaffeebohnen untermischen, salzen, pfeffern und beiseite stellen.

Lauch putzen, in Ringe schneiden, waschen und in kochendem Salzwasser 2 Minuten blanchieren. Dann abgießen, eiskalt abschrecken und abtropfen lassen. Zwiebel und Knoblauch schälen und fein würfeln. Butter in einer Pfanne erhitzen, Zwiebel- und Knoblauchwürfel darin glasig dünsten, Honig dazugeben und kurz aufwallen lassen. Lauch, Brühe und Sahne hinzufügen, mit Salz und Pfeffer würzen, zum Kochen bringen und etwa 5 Minuten köcheln lassen, bis der Lauch gar ist. Den Essig unterrühren, mit Salz, Pfeffer und Muskatnuss abschmecken, zugedeckt warm halten.

Das Fleisch in einer Pfanne im Olivenöl mit dem übrigen, angedrückten Knoblauch und dem Rosmarinzweig rundherum anbraten, bis es leicht gebräunt ist. Mit Salz und Pfeffer würzen und auf ein mit Backpapier ausgelegtes Blech legen. Kaffee-Rosmarin-Butter auf dem Fleisch verteilen. Im heißen Backofen garen, bis eine Kerntemperatur von 60° C erreicht ist. Dafür mit dem Fleischthermometer arbeiten und den Temperaturfühler des Thermometers in ein Fleischstück stecken.

Inzwischen die Gnocchi in einer großen Pfanne bei nicht zu starker Hitze in der Butter anbraten, bis sie leicht gebräunt sind. Das Fleisch aus dem Ofen nehmen und kurz unter Alufolie ruhen lassen. Lauch und Gnocchi auf Tellern anrichten. Steaks bzw. Medaillons gegebenenfalls halbieren und darauf platzieren. Sofort servieren.

# Rucolasalat mit Pilzen, Schalotten und Parmesan

## Zutaten

Für 4 Personen

2 Schalotten
2 EL Zucker
4 EL Aceto balsamico
4 EL Walnussöl
Salz | Pfeffer
150 g Rucola
60 g italienischer Hartkäse (z. B. Parmesan oder Pecorino)
300 g braune Champignons
1 Zweig Rosmarin
3 Zweige Thymian
1 Knoblauchzehe
2 EL Öl zum Braten

Die Schalotten schälen und fein würfeln. Die Würfel mit dem Zucker in einem kleinen Topf erhitzen. Leicht karamellisieren, dann vom Herd nehmen und 3 EL Aceto balsamico unterrühren. Etwas abkühlen lassen. Walnussöl unterschlagen, das Dressing mit Salz und Pfeffer abschmecken.

Rucola verlesen, waschen und trocken schleudern, grobe Stiele nach Belieben entfernen. Den Käse mit dem Sparschäler in schmalen Streifen abziehen und mit den Händen grob zerbröseln. Die Pilze putzen und vierteln. Rosmarin und Thymian waschen und trocken schütteln, die Nadeln bzw. Blättchen abzupfen und fein hacken. Knoblauch schälen und fein würfeln.

Öl in einer großen Pfanne erhitzen, Champignons darin 3 – 4 Minuten anbraten. Rosmarin, Thymian und Knoblauch dazugeben, alles weitere 2 Minuten braten. Mit 1 EL Aceto balsamico ablöschen und mit Salz und Pfeffer würzen. Rucola mit den Pilzen auf kleinen Tellern anrichten und mit dem Dressing beträufeln. Käse darüber streuen. Etwas Pfeffer grob darüber mahlen und den Salat servieren.

# Kaffee-Parfaits mit Pistazien-Krokant

## Zutaten

Für 4 Personen

3 EL Kaffeebohnen
2 Kardamomkapseln
250 ml Milch
5 Eigelb (M)
50 g Honig
110 g Zucker
200 g kalte Sahne
3 EL geröstete Pistazienkerne

Am Vortag 2 EL Kaffeebohnen und die Kardamomkapseln grob zerstoßen. Beides mit der Milch in einem Topf erhitzen, vom Herd nehmen und zugedeckt 30 Minuten ziehen lassen. Eigelb und Honig in einer Schüssel mit den Quirlen des Handrührgeräts etwa 5 Minuten cremig schlagen, dabei nach und nach 50 g Zucker einrieseln lassen. Die Milch durch ein Sieb gießen und erneut erhitzen. Nach und nach unter die Eier-Honig-Creme rühren. Alles in einen Topf geben und bei schwacher bis mittlerer Hitze erwärmen, bis die Creme leicht andickt. Die Masse darf dabei nicht kochen, sonst gerinnt das Eigelb. Den Topf in ein kaltes Wasserbad setzen, weiterschlagen, bis die Masse kalt ist. Sahne steif schlagen und unterheben. Die Creme in 8 Portionsförmchen à 100 – 125 ml füllen. Über Nacht im Tiefkühlfach zugedeckt gefrieren lassen.

Am nächsten Tag für das Karamell restliche Kaffeebohnen zerstoßen. Übrigen Zucker in einem Topf hellbraun karamellisieren. Kaffeebohnen und Pistazien kurz im karamellisierten Zucker schwenken. Die Masse auf einen mit Backpapier ausgelegten Teller verteilen, abkühlen und aushärten lassen. 4 Parfaits aus dem Tiefkühlfach nehmen. Krokant vom Papier lösen und grob hacken. Die Hälfte der Krokantbrösel über die Parfaits streuen. Die restlichen Parfaits gegebenenfalls als Nachschlag servieren.

# Wildschwein-Gyros mit Krautsalat

## Zutaten

Für 4 Personen

Für das Gyros:
600 g Wildschweinschnitzel (z. B. aus der Oberschale)
4 EL Olivenöl
2 EL Gyrosgewürz (siehe Tipp)
Salz | Pfeffer

Für das Zucchini-Zaziki:
200 g Zucchini
Salz
2 Stängel Dill
400 g griechischer Joghurt (10% Fett)
1–2 EL Zitronensaft
2 Knoblauchzehen

Für den Salat:
1 kleiner Spitzkohl (etwa 500 g)
100 g Möhren
2 Stängel Petersilie
4 EL Kräuteressig
2 TL Honig
1 Knoblauchzehe
4 EL Olivenöl
Salz | Pfeffer

Die Schnitzel trocken tupfen, mit 2 EL Olivenöl beträufeln und mit dem Gyrosgewürz einreiben.

Zucchini waschen und fein raspeln, mit etwas Salz mischen und 10 Minuten ziehen lassen.

Inzwischen für den Salat den Spitzkohl halbieren und putzen, den harten Strunk entfernen. Die Hälften waschen und in feine Streifen schneiden. Möhren schälen und mit der Gemüsereibe fein reiben oder in feine Julienne-Streifen schneiden. Petersilie waschen und trocken schütteln, die Blätter abzupfen und in Streifen schneiden. Spitzkohl, Möhren und Petersilie in einer Schüssel mischen.

Für das Zaziki Dill waschen und trocken tupfen, die Spitzen abzupfen und fein hacken. Den Joghurt mit 1 EL Zitronensaft glatt rühren. Den Knoblauch schälen und dazu pressen, Dill unterrühren. Die Zucchiniraspel kräftig auspressen und ebenfalls unterrühren. Das Zucchini-Zaziki mit Salz und Zitronensaft abschmecken.

Für das Salatdressing Essig und Honig verrühren. Knoblauch schälen und dazu pressen, das Olivenöl unterrühren. Das Dressing mit Spitzkohl, Möhren und Petersilie mischen. Gegebenenfalls mit Salz und Pfeffer abschmecken. Den Salat kurz durchziehen lassen.

Für das Gyros das übrige Olivenöl in einer Pfanne erhitzen und das Fleisch darin 3 – 4 Minuten braten, bis es rundherum gut gebräunt ist. Dann herausnehmen, die Schnitzel längs halbieren, je 3 Schnitzel übereinander legen und mit einem scharfen Messer in feine Streifen schneiden. Mit Salz und Pfeffer würzen. Mit dem Zucchini-Zaziki und dem Krautsalat auf Tellern anrichten und servieren. Dazu passt geröstetes Fladenbrot.

## Tipp

Für das Gyrosgewürz folgende getrocknete Kräuter, Gewürze und weitere Zutaten mischen: 3 TL Oregano, je 2 TL Thymian und Majoran, je 1 TL Rosmarin, edelsüßes Paprikapulver, gemahlener Koriander, Zwiebelgranulat, Knoblauchgranulat, Zucker, Salz und Pfeffer, 1/2 TL gemahlener Kreuzkümmel und 1 Messerspitze Cayennepfeffer. Anschließend in ein Gewürzglas füllen und bis zur Verwendung gut verschließen.

# Wildschweinbratwurst

## Zutaten

Für 12–16 Stück

600 g Wildschweinschulter oder -keule (ohne Knochen)
400 g Schweinebauch ohne Schwarte
1 TL schwarze Pfefferkörner
2 Wacholderbeeren
2 Pimentkörner
1/2 TL Fenchelsamen
1 TL getrockneter Majoran
1 EL getrocknete Kräuter der Provence
1 TL gemahlene Muskatblüte (Macis)
1/2 TL edelsüßes Paprikapulver
1/2 TL gemahlener Kreuzkümmel
20 g Salz
2,5 m Schweinedarm (Saitling; 30 mm)

Für dieses Rezept wird ein Fleischwolf mit Wurstfüllaufsatz benötigt. Das Fleisch und den Schweinebauch in Würfel schneiden und in eine Schüssel geben. Für die Gewürzmischung Pfefferkörner, Wacholderbeeren, Piment und Fenchelsamen im Mörser zerstoßen. Mit den übrigen Kräutern und Gewürzen zum Fleisch geben. Alles gut durchmischen und zugedeckt mindestens 45 Minuten ins Tiefkühlfach stellen, bis das Fleisch leicht angefroren ist. Den Saitling, also Schafdarm, der als Haut für feine Würstchen verwendet wird, für mindestens 30 Minuten in warmem Wasser einweichen.

Das angefrorene Fleisch mit dem Fleischwolf verarbeiten, dabei die 5-mm-Scheibe verwenden. Das gewolfte Fleisch gut verkneten, bis die Masse bindet/sämig ist. Nun den Wurstfüllaufsatz installieren. Den eingeweichten Saitling darüberschieben.

Dann mit dem Befüllen beginnen. Dabei am besten zu zweit arbeiten. Eine Person befüllt den Fleischwolf gleichmäßig mit dem Brät, die andere Person streift den gefüllten Darm vom Aufsatz und dreht die Würstchen ab. Zu Beginn das Darmende verknoten und anstechen, damit die Luft entweichen kann. Das Fleisch durch die Maschine laufen lassen, etwa 12–15 cm lange Würstchen produzieren und jeweils abdrehen. Die Würstchenkette gekühlt mindestens 2 Stunden ruhen lassen.

Dann in einzelne Würste schneiden und in der Pfanne in Öl oder Butterschmalz braten oder grillen, bis sie gut gebräunt und durchgegart sind.

## Tipp

Dazu schmecken am besten Schmorzwiebeln und süßer oder scharfer Senf.

# Fleischpflanzerl mit steirischem Kartoffelsalat

## Zutaten

Für 4 Personen

Für den Kartoffelsalat:
700 g festkochende Kartoffeln
Salz
1 Salatgurke
50 g Kürbiskerne
2 EL Butter
50 g Speckwürfel
50 ml Weißweinessig
150 ml Fleischbrühe
2 EL Sonnenblumenöl
1 EL mittelscharfer Senf
2 Frühlingszwiebeln
Pfeffer
2 EL Kürbiskernöl

Für die Fleischpflanzerl:
160 g altbackene Brötchen
100 ml Milch
1 Zwiebel
1 EL Butter
300 g Wildschweinnacken
200 g Schweinenacken (z. B. vom Iberico- oder Duroc-Schwein)
1 Knoblauchzehe
2 Eier (M)
1 EL Dijonsenf
2 EL gehackte Petersilie
1 TL getrockneter Majoran
Salz | Pfeffer
4 EL Öl zum Braten

Für den Kartoffelsalat die Kartoffeln waschen, in einem Topf knapp mit Salzwasser bedecken, zum Kochen bringen und bei schwacher Hitze mit schräg aufgelegtem Deckel 25–30 Minuten gar kochen. Die Gurke waschen und längs halbieren. Die Kerne mit einem Löffel entfernen. Die Gurkenhälften in Scheiben schneiden und mit etwas Salz in einer Schüssel mischen.

Die Kürbiskerne in einer Pfanne ohne Fett anrösten, bis sie sich aufblähen und zu knacken beginnen. Sofort herausnehmen. Butter in der Pfanne erhitzen, die Speckwürfel darin goldbraun auslassen. Mit Essig und Brühe ablöschen, 3 Minuten bei schwacher Hitze köcheln lassen, dann vom Herd nehmen. Die Kartoffeln abgießen und etwas ausdampfen lassen. Dann pellen und in Scheiben schneiden oder hobeln und in eine Schüssel geben. Das Sonnenblumenöl nach und nach unter das Dressing schlagen, den Senf unterrühren. Das heiße Dressing mit den Kartoffeln mischen.

Für die Fleischpflanzerl die Hälfte der Brötchen zu feinen Semmelbröseln reiben. Zur Seite stellen. Den Rest zerbröckeln und in einer Schüssel in der Milch einweichen. Die Zwiebel schälen und fein würfeln. Butter und 50 ml Wasser in einem Topf erhitzen, die Zwiebelwürfel darin 3 Minuten dünsten, bis die Flüssigkeit verkocht ist. Beide Fleischsorten in gulaschgroße Stücke schneiden und mit dem Fleischwolf grob wolfen (5er-Scheibe).

Beide Hackfleischsorten und die Zwiebeln zu den eingeweichten Brötchen geben. Knoblauch schälen und dazu pressen. Eier, Senf, Petersilie und Majoran hinzufügen, mit Salz und Pfeffer würzen und kräftig verkneten. Anschließend aus der Masse 8 Fleischpflanzerl formen und in den Semmelbröseln wenden. Öl in einer Pfanne erhitzen und die Fleischpflanzerl darin bei mittlerer Hitze von beiden Seiten jeweils etwa 5 Minuten goldbraun braten.

Inzwischen für den Salat Frühlingszwiebeln putzen, waschen und in Ringe schneiden. Den Salat mit Salz und Pfeffer abschmecken. Abgetropfte Gurkenscheiben und Frühlingszwiebeln unterrühren. Fleischpflanzerl auf Küchenpapier abtropfen lassen. Den Salat auf vier Tellern anrichten. Mit Kürbiskernen bestreuen und mit etwas Kürbiskernöl beträufeln. Je 2 Fleischpflanzerl anlegen und servieren.

# Meine Menükarte

Birnen-Carpaccio mit Ziegenkäse und Honig

Wildschweinfilet mit Sellerie-Birnen-Püree

Ziegenkäse-Pannacotta mit Thymian-Karamell

Hinweise zur Menüzubereitung auf S. 150

# Wildschweinfilet mit Sellerie-Birnen-Püree

## Zutaten

Für 4 Personen

Für das Püree:
500 g Knollensellerie
1 vorwiegend festkochende Kartoffel (100 g)
2 Birnen (z. B. Lukas)
Salz
2 EL Butter
100 g kalte Sahne
frisch geriebene Muskatnuss

Für das Rosenkohlgemüse:
500 g Rosenkohl
6 kleine rote Zwiebeln
2 EL Öl
3 EL Aceto balsamico
1 TL Honig
1 TL Thymianblättchen
Salz | Weißer Pfeffer

Für das Filet:
600 g Wildschweinfilet
1 EL Öl zum Braten
Salz | Pfeffer
50 g gemischte Kräuter (z. B. Petersilie, Kerbel, Schnittlauch)
1 TL Thymianblättchen
1 EL Honig
50 ml trockener Weißwein (z. B. Sauvignon blanc)
1 EL Aceto balsamico
evtl. Speisestärke

Den Backofen auf 200° C Ober- und Unterhitze vorheizen. Für das Püree Sellerie, Kartoffel und Birnen schälen. Die Birnen halbieren, die Kerngehäuse entfernen. Alles fein würfeln. Sellerie, Kartoffel und Birnen in einem Topf knapp mit gesalzenem Wasser bedecken und zum Kochen bringen. Anschließend bei schwacher Hitze mit schräg aufgelegtem Deckel 20 Minuten kochen lassen.

Vom Rosenkohl äußere, unschöne Blätter und den Strunk entfernen, die Köpfe längs halbieren. Zwiebeln schälen und vierteln. Mit dem Rosenkohl in eine Schüssel geben und Öl, Aceto Balsamico, Honig sowie Thymian dazugeben. Alles gründlich mit den Händen durchmischen, salzen und pfeffern. Auf ein Blech oder in eine passende, große Auflaufform geben und im vorgeheizten Ofen auf der mittleren Schiene 20 Minuten garen, bis das Gemüse leicht gebräunt ist.

Das Sellerie-Birnen-Gemüse abgießen und ausdampfen lassen. Die Butter hinzufügen und alles fein pürieren. Rosenkohl aus dem Ofen nehmen, beides zugedeckt warm halten.

Den ausgestellten Ofen öffnen und auf 100° C abkühlen lassen (Fleischthermometer). Anschließend auf 120° C einstellen. Das Fleisch trocken tupfen, Öl in einer Pfanne erhitzen und das Fleisch rundherum jeweils 1 Minute scharf anbraten. Mit Salz und Pfeffer würzen und auf dem mit Backpapier ausgelegten Rost im vorgeheizten Ofen etwa 12 Minuten garen, bis eine Kerntemperatur von 60° C erreicht ist. Dafür mit dem Fleischthermometer arbeiten und den Temperaturfühler des Thermometers in das Filet stecken. Dabei nach 5 Minuten den Rosenkohl dazu stellen.

Die Kräuter waschen und trocken schütteln, die Blätter gegebenenfalls abzupfen und alles fein hacken bzw. in Röllchen schneiden. Die Sahne steif schlagen und unter das Püree heben. Das Püree mit Salz, Pfeffer und Muskatnuss abschmecken. Das Fleisch aus dem Ofen nehmen und in Alufolie wickeln. Restlichen Thymian und Honig in die Pfanne geben und leicht karamellisieren. Den Bratensatz mit Weißwein und Aceto Balsamico ablöschen und aufwallen lassen. Nach Belieben mit etwas Speisestärke leicht binden. Mit Salz und Pfeffer abschmecken.

Das Fleisch auswickeln und in den Kräutern wenden. Püree auf Tellern anrichten. Soße rundherum träufeln, Rosenkohl und Zwiebeln darauf anrichten. Das Fleisch in 2 bis 3 cm dicke Scheiben schneiden und auf dem Püree anrichten. Sofort servieren!

# Birnen-Carpaccio mit Ziegenkäse und Honig

## Zutaten

Für 4 Personen

2 EL Weißweinessig
4 TL + 2 EL Honig
4 EL Olivenöl
Salz | Pfeffer
4 Birnen (z. B. Lukas)
4 EL Zitronensaft
50 g Walnusskerne
150 g Ziegenkäse
100 g Pflücksalat
2 EL Butter
2 Prisen Lebkuchengewürz
evtl. rosa Pfefferbeeren

Für das Dressing Essig und 2 TL Honig verrühren, 3 EL Olivenöl unterschlagen, mit Salz und Pfeffer abschmecken. Die Birnen waschen und aufrecht stehend in Scheiben schneiden, dabei in der Mitte den Bereich des Kerngehäuses herausschneiden. Birnenscheiben mit Zitronensaft beträufeln. Walnüsse grob hacken. Den Ziegenkäse in Scheiben schneiden. Salat waschen und trocken schleudern.

Je 1 EL Butter mit je 1 TL Honig in zwei Pfannen erhitzen, die Birnenscheiben darin von beiden Seiten je 1 Minute andünsten. Anschließend sternförmig auf Salattellern auslegen und leicht salzen. Eine Pfanne säubern, darin 1 EL Olivenöl erhitzen. Die Ziegenkäsescheiben von beiden Seiten kurz anbraten und auf den Birnen verteilen. Restlichen Honig mit Lebkuchengewürz in der Pfanne aufwallen lassen und über Birnen und Käse träufeln.

Den Pflücksalat mit dem Dressing mischen und mittig auf dem Carpaccio anrichten. Mit den Walnüssen bestreuen, nach Belieben noch mit zerdrückten rosa Pfefferbeeren garnieren und servieren.

# Ziegenkäse-Pannacotta mit Thymian-Karamell

## Zutaten

Für 4 Personen

1 Bio-Vanilleschote
400 ml Sahne
140 g Zucker
4 Blätter weiße Gelatine
1/2 Bio-Zitrone
150 g Ziegenfrischkäse
20 g Butter
Salz
2 TL Thymianblättchen

Für die Pannacotta die Vanilleschote längs einschneiden und das Mark mit einem Messer herauskratzen. Vanillemark mit 300 ml Sahne in einem Topf unter Rühren aufkochen. 60 g Zucker dazugeben und auflösen. Den Topf vom Herd ziehen und die Sahne zugedeckt etwas abkühlen lassen.

Gelatine in kaltem Wasser etwa 5 Minuten einweichen. Die Zitrone heiß waschen, trocken reiben, die Schale fein abreiben und den Saft auspressen. Die Gelatine gut ausdrücken und in der noch heißen Sahne auflösen. Zunächst Ziegenfrischkäse, dann Zitronenschale und 1 EL Zitronensaft unterrühren. Gegebenenfalls noch mit etwas Zitronensaft abschmecken. Die Creme in Serviergläser füllen und abkühlen lassen. Dann mit Frischhaltefolie bedecken und mindestens 3 Stunden kühl stellen, bis die Pannacotta geliert und gut gekühlt ist.

Den übrigen Zucker (80 g) in einem Topf langsam erhitzen, bis er geschmolzen und leicht gebräunt, also karamellisiert, ist. Butter und übrige Sahne (100 ml) hinzufügen und alles köcheln lassen, bis sich das ausgehärtete Karamell wieder gelöst hat. Mit etwas Salz würzen. Dann die Thymianblättchen untermischen. Die Pannacotta aus dem Kühlschrank nehmen, das Karamell darüber träufeln und servieren.

# Gegrillte Wildschweinlendchen mit Béarnaise-Mayo

## Zutaten

Für 4 Personen

Für die Spieße:
600 g Wildschweinlendchen
3 EL Olivenöl
1/2 TL edelsüßes Paprikapulver
Je 1 TL getrockneter Oregano und Thymian
1 Knoblauchzehe
Salz | Pfeffer
8 Scheiben Frühstücksspeck (Bacon; etwa 100 g)
2 rote Paprikaschoten
2 rote Zwiebeln

Für die Mayonnaise:
2 Schalotten
1 EL Butter
250 g Mayonnaise
1 EL Weißweinessig
2 TL Honig
1 TL gemahlene Kurkuma
1 Stängel Estragon
4 Stängel Kerbel
Salz | Pfeffer

Die Wildschweinlendchen in 16 dicke Scheiben schneiden. Für die Marinade Öl, Paprikapulver und Kräuter verrühren. Den Knoblauch schälen und dazu pressen. Mit Salz und Pfeffer würzen. Die Lendchenscheiben damit einpinseln. Die Baconscheiben quer halbieren. Die Lendchenscheiben darin einrollen.

Paprika halbieren, putzen, waschen und in 24 gleich große Stücke schneiden. Zwiebeln schälen und in 16 Spalten schneiden. Paprikastücke, Zwiebelspalten und Lendchenscheiben abwechselnd auf 8 Metallspieße stecken.

Für die Mayonnaise die Schalotten schälen und fein würfeln. Butter in einer Pfanne erhitzen, die Schalottenwürfel darin glasig dünsten und lauwarm abkühlen lassen.

Schalottenwürfel mit der Mayonnaise, Essig, Honig und Kurkuma verrühren. Die Kräuter waschen und trocken tupfen. Die Blätter abzupfen, fein hacken und unterrühren. Die Béarnaise-Mayo mit Salz und Pfeffer abschmecken.

Den Grill anheizen. Die Spieße rundherum grillen, bis Gemüse und Fleisch leicht gebräunt und knapp gar sind. Mit der Béarnaise-Mayo servieren.

## Tipp:

Dazu passt Röstbrot und Salat, z. B. Radicchio-Salat mit Paprika, Petersilie und einem Honig-Senf-Dressing.

# Wildschwein-Tacos

## Zutaten

Für 4 Personen

Für das Fleisch:
100 g Ananasfruchtfleisch
1 Knoblauchzehe
1/2 rote Peperonischote
2 EL Limettensaft
2 EL Olivenöl
2 TL Achiote-Paste (nach Belieben; z. B. aus dem Asia-Markt)
1/2 TL Kreuzkümmel
Salz | Pfeffer
4 Wildschweinsteaks (à 150 – 180 g)
4 TL flüssiger Honig

Für die Salsa:
250 g Ananasfruchtfleisch
1/2 rote Peperonischote
2 Frühlingszwiebeln
4 Stängel Koriandergrün
1 – 2 EL Limettensaft
1 TL brauner Rohrzucker
1/2 TL gemahlene Kurkuma
Salz | Pfeffer

Für den Rotkohl:
250 g Rotkohl
3 EL Limettensaft
2 TL brauner Rohrzucker
Salz | Pfeffer

Außerdem:
8 Medium-Tortillas (Maismehl oder Mais- und Weizenmehl, etwa 330 g)

Für die Marinade das Ananasfruchtfleisch würfeln. Den Knoblauch schälen, die längs halbierte Peperoni entkernen und waschen, beides grob zerkleinern. Die vorbereiteten Zutaten in einen Mixbecher geben. Limettensaft, Olivenöl, nach Belieben Achiote, Kreuzkümmel und 1/2 TL Salz hinzufügen und alles mit dem Stabmixer zu einer feinen Marinade pürieren. Davon 2 EL abnehmen. Das Fleisch trocken tupfen, rundherum mit der übrigen Marinade einreiben und 1 Stunde durchziehen lassen.

Den Grill anheizen. Für die Salsa das Ananasfruchtfleisch würfeln. Die Peperoni waschen und in Ringe schneiden. Die Frühlingszwiebeln putzen, waschen und in Ringe schneiden. Koriander waschen und trocken tupfen, die Blätter abzupfen und nach Belieben grob hacken. Eventuell ein paar Blättchen für die Garnitur beiseite stellen. Alles mit 1 EL Limettensaft, Zucker und Kurkuma verrühren. Mit Salz, Pfeffer und gegebenenfalls noch mit etwas Limettensaft abschmecken.

Den Rotkohl waschen und in feine Streifen hobeln, mit Limettensaft und Zucker verrühren und mit Salz und Pfeffer würzen.

Die Marinade vom Fleisch abstreifen. Das Fleisch auf beiden Seiten grillen, bis es gut gebräunt ist, dabei mit Honig bepinseln. Das Fleisch in Stücke schneiden. Mit Salz und Pfeffer würzen und mit der vorher abgenommenen Marinade mischen.

In einer Pfanne ohne Fett nacheinander alle Tortillas von beiden Seiten erwärmen und leicht anbräunen. Fertige Tortillas sofort mit Rotkohl, Fleisch und Salsa belegen. Nach Belieben mit Koriander garnieren. Die Tacos zusammenklappen und sofort aus der Hand genießen.

## Tipp:

Achiote-Paste ist eine mexikanische Würzpaste, die aus den kräftig färbenden Annatto-Samen und weiteren Gewürzen besteht. Sie findet besonders für Fleischgerichte wie Tacos al Pastor Verwendung. Hierzulande ist sie meist im gut sortierten Asia-Markt erhällich.

# BBQ-Spareribs mit orientalischem Krautsalat

## Zutaten

Für 4 Personen

Für die Ribs:
30 g Ingwer
1–2 rote Chilischote(n)
200 ml Olivenöl
2 TL Ras el-Hanout
1 Bio-Zitrone
1,2 kg Wildschwein-Spareribs

Für die BBQ-Soße:
5 EL Tomatenmark
4 EL Worcestersoße
4 EL Apfelessig
2 TL Chipotle-Flocken
2 TL Ras el-Hanout
2 Knoblauchzehen
100 g brauner Rohrzucker
100 ml Rum
100 ml Orangensaft
Salz | Pfeffer

Für den Salat:
1 Spitzkohl (etwa 700 g)
150 g Möhren
1/2 Granatapfel
1 Bund Minze
4 EL Zitronensaft
2 TL Honig
1/2 TL Ras el-Hanout
1 Knoblauchzehe
6 EL Olivenöl
Salz | Pfeffer
4 EL geröstete Pistazienkerne

Am Vortag für die Marinade den Ingwer schälen, die Chilischote(n) waschen und entkernen, beides klein schneiden. Anschließend mit Olivenöl und Ras el-Hanout fein pürieren. Die Zitrone heiß waschen, trocken reiben und klein schneiden. Mit der Marinade mischen. Die Spareribs kalt abspülen und trocken tupfen, mit der Marinade überziehen und über Nacht zugedeckt in den Kühlschrank stellen.

Am nächsten Tag den Backofen auf 80° C Ober- und Unterhitze vorheizen. Die Marinade abstreifen und die Spareribs darin 5 bis 6 Stunden sanft garen, dabei gelegentlich wenden und mit der Marinade (ohne Zitronenstückchen) einpinseln.

Für die BBQ-Soße Tomatenmark, Worcestersoße, Essig, Chipotle-Flocken und Ras el-Hanout verrühren. Den Knoblauch schälen und dazupressen.

Den Zucker in einem großen Topf hellbraun karamellisieren lassen. Mit Rum und Orangensaft ablöschen und rühren, bis sich der Zucker gelöst hat. Die angerührte Würzmischung und 1/2 TL Salz dazugeben. Die Soße offen bei mittlerer Hitze 6 bis 8 Minuten leicht dicklich einkochen lassen, dabei immer wieder umrühren. Mit Salz und Pfeffer abschmecken und abkühlen lassen.

Den Grill anheizen. Inzwischen den Spitzkohl halbieren und putzen, dabei den harten Strunk entfernen. Die Hälften waschen und in feine Streifen schneiden. Möhren schälen und mit der Gemüsereibe fein reiben oder in Juliennes-Streifen schneiden. Granatapfelkerne auslösen. Die Minze waschen und trocken schütteln, die Blätter abzupfen. Spitzkohl, Möhren und Minze mischen.

Für das Dressing Zitronensaft, Honig und Ras el-Hanout verrühren. Knoblauch schälen und dazupressen, das Öl unterrühren. Mit Salz und Pfeffer abschmecken. Pistazienkerne grob hacken.

Das Dressing mit Spitzkohl, Möhren und Minze mischen. Gegebenenfalls mit Salz und Pfeffer abschmecken. Den Salat kurz durchziehen lassen. Granatapfel- und Pistazienkerne darüber streuen.

Die Rippchen auf dem heißen Grill rundherum grillen, bis sie gut gebräunt sind. Dann mit der BBQ-Soße bestreichen, mehrfach in kurzem Abstand wenden und jeweils erneut bestreichen, bis die Soße gebräunt und karamellisiert ist. Die Ribs vom Grill nehmen und in Stücke schneiden. Mit dem Salat und der restlichen BBQ-Soße servieren.

Reh & Hirsch

# INFO

Noch mehr als das Wildschwein ist das Reh ein Profiteur der menschlichen Kulturlandschaft. Ein Mosaik von Wäldern, Wiesen und Feldern, wie wir es in Mitteleuropa flächendeckend erst seit einigen Jahrhunderten haben, ist für die zur Unterfamilie der Trughirsche gehörende bis zu 25 kg schwere Art optimal. Denn sie hält sich gerne in Waldrandlagen auf, um auf Lichtungen, Wiesen und Feldern zu äsen. Dort ernährt sich das Reh als Wiederkäuer ausschließlich pflanzlich – je nach Jahreszeit von Knospen, frischen Kräuter- und Laubtrieben, aber auch von Farnen, Gräsern und Brombeerblättern. Während zum Beispiel die Jagdzeit auf Rehböcke in NRW schon im Mai beginnt, haben die Ricken bis Ende August Schonzeit, denn im Mai/Juni werden die Kitze gesetzt und anschließend groß gezogen. Zwischen September und Ende Januar ist z.B. in NRW dann das komplette Rehwild jagdlich freigegeben. Mit einer Jahresstrecke von gut 1,2 Mio. Stücken ist das Rehwild hierzulande klar die Nummer eins, wobei hier beispielsweise auch die Zahl der im Straßenverkehr getöteten Rehe mit enthalten ist. Geschmacklich liegt das feine, fettarme Fleisch ganz weit vorne.

Eines der größten frei lebenden Tiere in Mitteleuropa ist der Rothirsch. Diese kräftige, bis zu 250 kg schwere Hirschart gehört zur Unterfamilie der echten Hirsche, ebenso wie das Damwild. Das war während der Eiszeit in Europa ausgestorben. Aber die Römer und später im Zeitalter des Barock europäische Adelige führten die Tierart zu Jagdzwecken wieder ein. Damhirsche werden bis zu 120 kg schwer. Mit dem asiatischen Sikahirsch wurde noch eine dritte Hirschart angesiedelt, kommt aber in deutlich weniger Gebieten und weitaus geringeren Stückzahlen vor.

Bejagt werden Rotwild, Dam- und Sikawild derzeit in NRW von August bis Ende Januar, Schmaltiere bereits im Mai. Bei allen Arten ist eine zunehmende Jagdstrecke zu verzeichnen auf insgesamt rund 147 000 Tiere in der Saison 2019/20. Damwild wird als einzige Hirschart häufig in landwirtschaftlichen Gattern gehalten. Besonders beliebt ist der magere Rücken, aber auch ein Gulasch oder geräucherter Schinken bzw. Würste werden allgemein sehr geschätzt.

**Verwendete Stücke:**

| | |
|---|---|
| **Nacken** | Als Braten, Gulasch, Steaks, Medaillons |
| **Rippen** | Als Karree, gegrillt (Spare Ribs), gesmokt, geschmort, ausgelöstes Fleisch für Gulasch und Ragout |
| **Schulter (Blatt)** | Im Ganzen als Braten, entbeint als Rollbraten, Ragout, Gulasch, Terrinen und Pasteten, Hackfleisch |
| **Keule** | Im Ganzen als Braten, entbeint als Schinken, Ober- und Unterschale als Schnitzel oder Steaks, Nuss und Hirsch-Oberschale als Schmorbraten, Schnitzel oder bei Niedertemperatur gegart |
| **Haxe** | Als Ossobuco geschmort, in Eintöpfen, für Fond |
| **Rücken** | Im Ganzen gebraten oder geschmort, in Scheiben als Steaks, ausgelöster oberer Rücken oder unterer Rücken (Filets) im Ganzen oder als Medaillons rosa gebraten, Knochen für Fond |
| **Innereien** | Leber kurz gebraten, Herz geschmort als Ragout, Nieren gebraten oder gedünstet |

**Optimale Kerntemperatur für kurzgebratene Stücke:**

| | medium (rosa) | well done (durch) |
|---|---|---|
| Rehrücken/-karree und -keule | 55–58° C | 58–60° C |
| Reh- und Hirschfilet/-nuss | 55–60° C | 62–65° C |
| Reh- und Hirschsteak | 54–56° C | 58–60° C |
| Hirschrücken/-karree | 55–60° C | 60–65° C |
| Hirschmedaillons/-keule | 58–60° C | 60–62° C |

# Feldsalat mit Rehschinken

## Zutaten

Für 4 Personen

800 g Hokkaidokürbis
2 EL Olivenöl
2 EL Zitronensaft
Salz | Pfeffer
3 EL Weißweinessig
2 EL Honig
2 EL Dijonsenf
1 Knoblauchzehe
3 EL Walnussöl
150 g Feldsalat
1 Laugenstange
3 EL Butterschmalz
150 – 200 g Reh- oder Hirschschinken (in Scheiben)
50 g getrocknete Cranberrys
50 g Pekannusskerne

Den Backofen auf 200° C Ober- und Unterhitze vorheizen. Den Kürbis waschen, halbieren und entkernen. Die Kürbishälften in 1 – 2 cm dicke Spalten schneiden und mit Olivenöl und Zitronensaft mischen. Mit Salz und Pfeffer würzen. Auf ein Blech legen und im vorgeheizten Ofen auf der mittleren Schiene 25 Minuten backen.

Für das Dressing Essig, Honig und Senf verrühren. Den Knoblauch schälen und dazupressen. Das Öl unterschlagen. Mit Salz und Pfeffer abschmecken.

Feldsalat waschen und trocken schleudern. Die Laugenstange in dünne Scheiben schneiden und in einer Pfanne im Butterschmalz von beiden Seiten goldbraun ausbacken. Herausnehmen und auf Küchenpapier abtropfen lassen.

Kürbis aus dem Ofen nehmen und die Spalten auf vier Teller verteilen. Feldsalat mit Dressing, Brotscheibchen, Schinken, Cranberrys und Pekannüssen darauf anrichten und sofort servieren.

## Tipp: Steirische Alternative

Passend zum Kürbis schmeckt der Salat auch auf steirische Art. Dafür am Vortag 50 g getrocknete Käferbohnen mit reichlich Wasser bedeckt über Nacht einweichen. Am nächsten Tag abgießen und nach Packungsanweisung garen. Die übrigen Salatzutaten vorbereiten, dabei das Walnussöl durch Kürbiskernöl ersetzen und die Pekannüsse durch 2 EL geröstete Kürbiskerne. Abgekühlte Bohnen mit dem Dressing mischen, Übrige Salatzutaten auf Tellern anrichten, die Bohnen samt Dressing darauf verteilen.

# Meine Menükarte

Flädlesuppe mit Kräutern

Wildrouladen mit Schupfnudeln

Weinschaumcreme mit
Cantuccini-Bröseln

Hinweise zur Menüzubereitung auf S. 151

# Wildrouladen mit Schupfnudeln

## Zutaten

Für 4 Personen

Für die Rouladen:
1 Zwiebel
4 Rehrouladen (aus der Keule oder Hirschrouladen aus der Oberschale; à etwa 200 g)
Salz | Pfeffer
8 TL Dijonsenf
8 Scheiben luftgetrockneter Schinken
4 Essiggurken
8 getrocknete Aprikosen
1/2 Bund Suppengemüse
2 Schalotten
2 EL Butterschmalz
2 TL Tomatenmark
1 EL Zucker
2 Lorbeerblätter
2 Wacholderbeeren
2 Pimentkörner
450 ml trockener Rotwein
400 ml Wildfond
1 TL Speisestärke
30 g eiskalte Butterwürfel

Für die Schupfnudeln:
500 g festkochende Kartoffeln
Salz
250 g Weizenmehl
2 Eigelbe
Pfeffer
2 EL Butter

Für die Trauben:
150 g kernlose Weintrauben
1 EL Butter
1 EL Puderzucker
evtl. Petersilie

Die Zwiebel schälen und vierteln. Rouladen zwischen zwei Lagen Frischhaltefolie z. B. mit der glatten Seite eines Fleischklopfers plattieren, mit Salz und Pfeffer würzen und mit Senf bestreichen. Mit dem Schinken belegen. Jeweils 1 Zwiebelspalte und Gurke sowie 2 Aprikosen auf die schmale Seite der Rouladen legen. Von der schmalen Seite her fest aufrollen und mit Rouladennadeln feststecken.

Den Backofen auf 180° C Ober- und Unterhitze vorheizen. Suppengemüse und Schalotten schälen bzw. putzen und waschen, dann fein würfeln.

Die Rouladen in einer ofenfesten Pfanne im heißen Butterschmalz rundherum anbraten, bis sie gut gebräunt sind. Wieder herausnehmen. Das Gemüse in der Pfanne 5 Minuten andünsten. Tomatenmark, Zucker und Gewürze kurz mitdünsten. In mehreren Portionen insgesamt 400 ml Rotwein angießen, jeweils etwas einkochen lassen, dann den Fond angießen. Rouladen in die Soße legen. Im heißen Backofen auf der mittleren Schiene etwa 1 1/2 Stunden garen, dabei gelegentlich wenden und spätestens nach 1 Stunde abdecken.

Für die Schupfnudeln ungeschälte Kartoffeln in einem Topf mit Salzwasser bedeckt zum Kochen bringen und mit schräg aufgelegtem Deckel bei schwacher bis mittlerer Hitze etwa 25 Minuten gar kochen.

Die Kartoffeln abgießen und 10 Minuten ausdampfen lassen. Dann pellen und durch eine Kartoffelpresse drücken. Mehl und Eigelbe dazugeben, mit Salz und Pfeffer würzen und rasch zu einem Teig verkneten. Diesen zu einer Rolle formen und in Scheiben schneiden. Auf der bemehlten Arbeitsfläche zu fingerdicken und -langen Nudeln rollen. Die Schupfnudeln in einem großen Topf in reichlich kochendem Salzwasser etwa 5 Minuten bissfest garen. Dann in ein Sieb abgießen, abtropfen und auf einem mit Backpapier ausgelegten Blech abkühlen lassen.

Die Pfanne aus dem Ofen nehmen, die Rouladen herausnehmen und zugedeckt warm halten. Die Soße durch ein Sieb gießen, das Gemüse etwas ausdrücken. Speisestärke mit restlichem Rotwein verrühren. In die Soße rühren, kurz aufkochen und andicken lassen. Mit Salz, Pfeffer und gegebenenfalls noch etwas Zucker abschmecken. Die Soße vom Herd nehmen, Butterwürfel unterrühren, zugedeckt warm halten. Für die glasierten Weintrauben die Weintrauben waschen, von den Stielen zupfen und abtrocknen. In einer Pfanne in 1 EL Butter 2–3 Minuten anschwitzen, dann den Puderzucker dazugeben und die Trauben kurz glasieren. Herausnehmen und im ausgeschalteten Backofen warm halten. Die Pfanne säubern. Für die Schupfnudeln die Butter darin erhitzen. Abgekühlte Nudeln darin bei nicht zu starker Hitze anbraten, bis sie leicht gebräunt sind.

Einen Soßenspiegel auf vier Teller geben. Die Rouladennadeln entfernen, Rouladen halbieren und mit der Schnittfläche nach oben auf die Soße setzen. Die Schupfnudeln und die glasierten Trauben rundherum anrichten. Nach Belieben mit Petersilie garnieren und servieren.

# Flädlesuppe mit Kräutern

## Zutaten

Für 4 Personen

1 Bund Suppengemüse
300 g Wildknochen (Reh oder Hirsch)
1/2 TL Pfefferkörner
2 Wacholderbeeren
2 Lorbeerblätter
Salz
1 l Rinderbrühe
800 ml Wildfond
1 Zwiebel
100 g Weizenmehl
200 ml Milch
2 Eier (M)
2–3 EL Butter
1 Stängel Petersilie
10 Halme Schnittlauch
Pfeffer

Für die Suppe das Gemüse schälen bzw. putzen, waschen und klein schneiden. Das Gemüse mit Knochen, Gewürzen und etwas Salz in einen Topf geben. Rinderbrühe, Wildfond und 250 ml Wasser dazugeben. Alles langsam zum Kochen bringen und den Fond mit schräg aufgelegtem Deckel bei schwacher bis mittlerer Hitze etwa 1 1/2 Stunden köcheln lassen.

Die Zwiebel waschen und halbieren. Mit den Schnittflächen nach unten in eine heiße Pfanne setzen und bräunen. Die Zwiebel in den Suppenfond geben und alles weitere 30 Minuten garen.

Für die Flädle Mehl und Milch verrühren. Eier und 1 Prise Salz unterrühren und den Teig 10 Minuten quellen lassen. Den Teig erneut verrühren. 1 EL Butter in einer großen Pfanne erhitzen. Eine Kelle Teig durch Schwenken gleichmäßig darin verteilen. Bei mittlerer Hitze backen, bis die Unterseite gebräunt ist. Dann wenden und fertig backen. 1–2 weitere Pfannkuchen auf diese Art backen. Die fertigen Pfannkuchen aufrollen und in dünne Scheiben schneiden, sodass daraus beim Entrollen schmale Streifen („Flädle") entstehen.

Petersilie und Schnittlauch waschen und trocken tupfen. Von der Petersilie die Blätter abzupfen und fein hacken, Schnittlauch in feine Röllchen schneiden. Die Suppe durch ein Sieb gießen und mit Salz und Pfeffer abschmecken. Die Flädle auf vier tiefe Teller verteilen, mit der heißen Suppe übergießen. Mit den Kräutern bestreuen und servieren.

# Weinschaumcreme mit Cantuccini-Bröseln

## Zutaten

Für 4 Personen

1/2 Bio-Zitrone
120 g Cantuccini
4 EL + 150 ml Weißwein (trocken; z. B. Riesling)
4 TL Kakaopulver
6 EL Aprikosenkonfitüre
3 Eigelbe (M)
1 EL Zucker
1 TL Vanillezucker
2 TL Puderzucker

Die Zitrone heiß waschen und trocken reiben. Die Schale fein abreiben und den Saft auspressen.

Cantuccini erst zerbröckeln, dann im Blitzhacker grob zermahlen. Je 2 EL auf vier kleine Dessertgläser verteilen und mit je 1 EL Weißwein tränken. Zunächst mit dem Kakaopulver bestreuen, dann die Aprikosenkonfitüre mit 1 – 2 EL Zitronensaft glatt rühren und darauf verteilen.

Für den Weinschaum die Eigelbe in einer Rührschüssel aus Metall mit Zucker, Vanillezucker und Zitronenschale über dem heißen Wasserbad schaumig schlagen. Den Wein nach und nach dazugießen und weiterschlagen, bis die Mischung eine leicht cremige Konsistenz erhält (das geschieht bei einer Temperatur von etwa 85° C). Nun auf ein kaltes Wasserbad setzen und weiterrühren, bis der Schaum etwas abgekühlt ist. Den Schaum in die Gläser füllen. Mit übrigen Cantuccini-Bröseln bestreuen und mit Puderzucker bestäuben.

# Pommes frites mit Rehsteakstreifen und Pfeffersoße

## Zutaten

Für 4 Personen

Für die Pommes frites:
800 g festkochende Kartoffeln (z. B. Nicola)
4 EL Branntweinessig
2 kg Frittierfett
Salz
Edelsüßes Paprikapulver

Für die Pfeffersoße:
1 kleine Schalotte
1 Knoblauchzehe
1 EL Butter
1 EL Tomatenmark
2 EL Zucker
8 cl Sherry (fino)
250 ml Hühnerfond
1 EL eingelegter grüner Pfeffer
200 g Sahne
1/2 TL Speisestärke
1/2 TL Dijonsenf
Salz | Pfeffer

Für das Fleisch:
3 Rehrückensteaks (à 200 g)
2 Zweige Rosmarin
4 Zweige Thymian
3 EL bunter Pfeffer (ganz oder Steakpfeffer)
Salz | Pfeffer
1–2 EL Butterschmalz

Die Kartoffeln waschen und trocken tupfen, in pommesförmige Stifte schneiden. In einem Topf 2,5 l Wasser aufkochen. Den Essig hineingeben, die Kartoffelstifte hinzufügen und etwa 8 Minuten sprudelnd kochen. Dann abgießen, abtropfen lassen und auf Küchenpapier abtrocknen. Fett in einem großen Topf oder einer Fritteuse auf 200° C erhitzen. Die Pommes darin portionsweise jeweils etwa 1–2 Minuten frittieren. Dann herausnehmen, abtropfen lassen und 30 Minuten ruhen lassen. Den Topf vom Herd nehmen.

Für die Pfeffersoße Schalotte und Knoblauch schälen und fein würfeln. Butter in einer Pfanne erhitzen, Schalotten- und Knoblauchwürfel darin andünsten. Tomatenmark und Zucker dazugeben und kurz anrösten. Mit 4 cl Sherry ablöschen. Den Fond angießen, den Pfeffer dazugeben und bei mittlerer Hitze auf die Hälfte einkochen lassen.

Die Sahne hinzufügen und noch kurz kochen. Dann den restlichen Sherry mit der Speisestärke verrühren, dazugeben und kurz leicht dicklich einkochen lassen. Den Senf unterrühren, mit Salz, Pfeffer und Pfefferflüssigkeit abschmecken. Beiseitestellen.

Den Backofen auf 80° C Ober- und Unterhitze vorheizen. Für die Steaks die Kräuter waschen und trocken tupfen, Nadeln bzw. Blättchen abzupfen und fein hacken. Den Pfeffer im Mörser zerstoßen. Kräuter und Pfeffer mischen. Die Steaks salzen und mit der Pfeffer-Kräuter-Mischung einreiben. Butterschmalz in einer Pfanne erhitzen. Die Steaks darin von beiden Seiten anbraten. Dann auf ein mit Backpapier ausgelegtes Blech legen, und im Ofen etwa 15 Minuten garen, bis eine Kerntemperatur von 58–60° C erreicht ist. Dafür mit dem Fleischthermometer arbeiten und den Temperaturfühler des Thermometers in ein Steak stechen.

Das Frittierfett erneut erhitzen, diesmal auf 210° C. Die Pommes darin portionsweise etwa 3–4 Minuten frittieren, bis sie knusprig und leicht gebräunt sind. Fertige Pommes herausheben, kurz entfetten und im Backofen warm halten. Fleisch herausnehmen, in Alufolie wickeln und kurz ruhen lassen. Die Pfeffersoße erneut erhitzen.

Pommes frites mit Salz und Paprikapulver würzen und auf Teller oder Streetfood-Schalen verteilen. Die Pfeffersoße darüberträufeln. Die Steaks auswickeln und in Streifen schneiden. Die Steakstreifen salzen, auf den Pommes frites anrichten und sofort servieren. Nach Belieben mit zerdrückten rosa Pfefferbeeren garnieren.

# Richtig-Wild-Reh-Burger

## Zutaten

Für 4 Personen

Für die Nüsse:
2 EL Zucker
Salz
50 g Walnusskerne
1 TL getrockneter Thymian

Für die Kirsch-Zwiebel-Soße:
1 Zwiebel
1 EL Öl
50 ml Apfelessig
125 g Kirschgrütze (aus dem Kühlregal)
Salz | Pfeffer

Für die Knoblauch-Mayo:
2 Knoblauchzehen
125 g Mayonnaise
2 TL Zitronensaft
weißer Pfeffer

Für die Burger-Pattys:
500 g Rehfleisch (z. B. aus Schulter oder Keule)
100 g Schweinebauch (ohne Schwarte)

Außerdem:
4 große Radicchioblätter
4 Burger-Brötchen
2 EL Olivenöl
Salz | Pfeffer
8 Scheiben Frühstücksspeck (Bacon, etwa 100 g)
2 TL Honig

Für die Nüsse in einem kleinen Topf den Zucker mit ein paar Tropfen Wasser und 1 Prise Salz schmelzen und hellbraun karamellisieren. Die Walnüsse grob zerbröckeln und mit dem Thymian im Karamell schwenken. Auf einem mit Backpapier belegten Teller verteilen und abkühlen lassen.

Für die Kirsch-Zwiebel-Soße die Zwiebel schälen und fein würfeln. Öl in einem Topf erhitzen und die Zwiebelwürfel darin glasig dünsten. Mit dem Essig ablöschen und alles einige Minuten köcheln lassen. Die Kirschgrütze dazugeben, verrühren und mit Salz und Pfeffer abschmecken.

Für die Mayo den Knoblauch schälen und durchpressen. Mit der Mayonnaise und Zitronensaft verrühren. Mit Pfeffer abschmecken.

Für die Burger-Pattys das Fleisch klein schneiden. Den Fleischwolf mit einer Lochscheibe (5 oder 8 mm) ausstatten. Die Fleischwürfel durch den Fleischwolf drehen (oder bereits beim Metzger wolfen lassen). Das gewolfte Fleisch in 4 Portionen teilen. In einer Burgerpresse oder mit den Händen zu Pattys pressen.

Den Backofen auf 100° C Umluft vorheizen. Radicchioblätter waschen und trocken schleudern. Karamellisierte Nüsse grob zerbröckeln oder hacken. Die Brötchen halbieren und im Ofen auf einem mit Backpapier belegten Ofengitter etwa 8 Minuten erwärmen.

In einer Grillpfanne 1 EL Olivenöl erhitzen, die Pattys darin 3 Minuten anbraten und mit Salz und Pfeffer würzen. Dann wenden, 3 Minuten fertig braten, kurz abtropfen lassen, erneut würzen und zu den Brötchen in den Ofen legen. Die Pfanne säubern. 1 EL Olivenöl erhitzen und die Baconscheiben darin rundherum knusprig braten, den Honig dazugeben und den Bacon kurz glasieren.

Die unteren Hälften der Brötchen mit je 1 EL Knoblauch-Mayo bestreichen, mit dem Radicchio, Bacon und den Patties belegen. Kirsch-Zwiebel-Soße und karamellisierte Walnüsse daraufgeben. Nach Belieben mit gehackter Petersilie bestreuen. Die oberen Brötchenhälften mit der übrigen Knoblauch-Mayo bestreichen, daraufsetzen und die Burger sofort servieren. Dazu schmeckt Rotkohlsalat mit Orangen.

# Rehgeschnetzeltes nach koreanischer Art (Bulgogi)

## Zutaten

Für 4 Personen

Für das Fleisch:
4 rote Chilischoten
8 Knoblauchzehen
30 g Ingwer
1 Bund Frühlingszwiebeln
2 Birnen (z. B. Packhams Triumph)
8 EL Sojasoße
4 EL geröstetes Sesamöl
4 EL Zucker
2 TL grob gemahlener schwarzer Pfeffer
800 g Rehrücken (ausgelöst)
2 EL Öl zum Braten

Für den Reis:
250 g Sushi-Reis
2 1/2 EL Reisessig
1 1/2 EL Zucker
1/2 TL Salz

Außerdem:
2 Möhren
2 EL Sesam
1 Salatkopf (z. B. Batavia- oder Eichblattsalat) oder
2 Romana-Salatherzen

Für die Marinade die Chilischoten längs halbieren, entkernen und waschen. Knoblauch und Ingwer schälen. Alles fein würfeln. 4 Frühlingszwiebeln putzen, waschen und in feine Ringe schneiden. Die Birne halbieren, das Kerngehäuse entfernen. Die Hälften schälen und grob raspeln. Alle vorbereiteten Zutaten mit Sojasoße, Sesamöl, Zucker und Pfeffer mischen. Das Fleisch in feine Streifen schneiden, mit der Marinade mischen und zugedeckt 2 Stunden im Kühlschrank ziehen lassen.

Den Reis in ein Sieb geben, nur kurz abspülen und abtropfen lassen. Mit 270 ml Wasser in einem Topf zugedeckt auf höchster Stufe aufkochen und 1 Minute weiter kochen lassen. Dann den Reis auf niedrigster Stufe zugedeckt 10 Minuten garen. Den Topf vom Herd nehmen, ein gefaltetes sauberes Küchentuch unter den Deckel klemmen und den Reis 15 Minuten quellen lassen. Das Fleisch aus dem Kühlschrank nehmen und Zimmertemperatur annehmen lassen.

Inzwischen restliche Frühlingszwiebeln putzen, waschen und in feine Ringe schneiden. Möhren schälen und in feine Stifte oder Spiralen schneiden. Den Sesam in einer Pfanne kurz anrösten, bis es zu knacken und duften beginnt. Sofort herausnehmen. Salatblätter ablösen, waschen und trocken schleudern.

Öl in zwei großen Pfannen erhitzen, das Fleisch darin samt Marinade etwa 8 Minuten anbraten, bis es gar und rundherum von einer dicklichen Soße überzogen ist. Mit Salz abschmecken.

Für den Reis Essig, Zucker und Salz in einem kleinen Topf unter Rühren erhitzen, bis sich Zucker und Salz gelöst haben. Den Topf vom Herd nehmen. Die Essigmischung über den Reis träufeln und vorsichtig unterheben.

Fleisch, Reis, Frühlingszwiebeln und Möhren auf Tellern anrichten. Die Salatblätter und den Sesam dazustellen. Zum Essen Reis, Salat, Gemüse und etwas Sesam jeweils auf ein Salatblatt häufen und aus der Hand genießen.

# Wildsuppe »Vietnam Style«

## Zutaten

Für 4 Personen

200 g Reh- oder Hirschfilet
200 g Reisbandnudeln
20 g Ingwer
2 Schalotten
2 Knoblauch
3 EL Öl
2 EL geröstetes Sesamöl
1 Zimtstange
2 Kardamomkapseln
2 Zacken Sternanis
2 Gewürznelken
1 TL Koriandersamen
2 TL brauner Rohrzucker
400 ml Rinderbrühe
800 ml Wildfond
2 EL asiatische Fischsoße
1 Bund Frühlingszwiebeln
1 Bund Minze
1 Bund Koriandergrün
1 Bund Thai-Basilikum
1 rote Chilischote
150 g Mungobohnensprossen
2 Bio-Limetten
2–3 EL Sojasoße
Salz

Das Filet trocken tupfen, in Frischhaltefolie rollen und etwa 30 Minuten ins Tiefkühlfach legen, bis das Fleisch angefroren ist. Die Nudeln nach Packungsanweisung garen, z. B. mit kochendem Wasser übergießen und gar ziehen lassen. Ingwer, Schalotten und Knoblauch schälen und in Streifen schneiden.

Beide Ölsorten in einem großen Topf erhitzen. Ingwer, Schalotten, Knoblauch, Zimt, Kardamom, Sternanis, Nelken und Koriander in den Topf geben und 2–3 Minuten anschwitzen. Den Zucker dazugeben und etwas karamellisieren lassen. Mit Brühe und Fond ablöschen, die Fischsoße dazugeben und 10–15 Minuten köcheln lassen.

Inzwischen die Frühlingszwiebeln putzen, waschen und in feine Ringe schneiden. Kräuter waschen und trocken tupfen. Die Blätter abzupfen. Die Chilischote waschen und in Ringe schneiden. Sprossen waschen und abtropfen lassen. Limetten waschen und in Schnitze schneiden.

Die Brühe mit Sojasoße und gegebenenfalls etwas Salz abschmecken und durch ein feines Sieb gießen. Anschließend zugedeckt warm halten.

Das Fleisch aus dem Tiefkühlfach nehmen und in sehr dünne Scheiben schneiden. Nudeln, Sprossen und Fleischscheiben in vorgewärmte Suppenschalen geben. Die kochend heiße Brühe darübergießen. Mit Frühlingszwiebeln, Chiliringen und Kräutern garnieren. Limettenschnitze und restliche Kräuter zum individuellen Würzen dazu servieren. Bei Tisch nach Belieben mit Fisch- oder Hoisin-Soße nachwürzen.

## Tipp

Hoisin-Soße ist eine dickliche, dunkle, süßliche, gleichzeitig würzige Sauce aus der chinesischen und vietnamesischen Küche. Sie wird wie die scharfe Sriracha-Sauce zum individuellen Würzen von Gerichten verwendeten. Im Supermarkt findet man sie häufig im Asien-Regal. Garantiert fündig wird man dagegen im Asia-Shop.

# Linseneintopf mit Mettwurst

## Zutaten

Für 4 Personen

250 g Berglinsen
1 Bund Suppengemüse
1 Zwiebel
2 Knoblauchzehen
5 EL Öl
100 g Speckwürfel
1 l Gemüsebrühe
3 geräucherte Hirschmettwürste oder andere Wildmettwürste bzw. -knacker
50 ml Weißwein
1 EL mittelscharfer Senf
2 EL Aceto balsamico
1 TL Zucker
Salz | Pfeffer
2 Scheiben Kastenweißbrot
1 Zweig Rosmarin

Die Linsen in einer Schüssel mit reichlich Wasser bedecken und 1 Stunde einweichen.

Vom Suppengemüse den Lauch in Ringe schneiden, waschen und abtropfen lassen. Möhre und Sellerie schälen und würfeln. Petersilie beiseitelegen. Zwiebel und Knoblauch schälen und fein würfeln.

2 EL Öl in einem Topf erhitzen, Suppengemüse, Zwiebeln und Speck darin andünsten. Linsen abgießen, dazugeben, die Brühe angießen und alles langsam zum Kochen bringen. Zugedeckt bei schwacher Hitze 20 Minuten köcheln lassen.

Die Mettwürstchen in Scheiben schneiden, mit dem Wein und der Hälfte des Knoblauchs in den Eintopf geben und weitere 20 Minuten zugedeckt köcheln lassen.

Petersilie und Rosmarin waschen und trocken tupfen. Die Blätter bzw. Nadeln abzupfen und jeweils grob hacken. Das Brot würfeln. 3 EL Öl in einer Pfanne erhitzen. Die Brotwürfel darin rundherum hellbraun und knusprig rösten. Knoblauch und Rosmarin kurz mitrösten. Die Croûtons auf Küchenpapier entfetten.

Senf, Essig und Zucker unter den Eintopf rühren. Die Hälfte der Petersilie zufügen. Mit Salz und Pfeffer abschmecken. Den Eintopf auf 4 Suppenteller oder Schalen verteilen, Croûtons und restliche Petersilie darüberstreuen und servieren.

# Hirschlasagne mit Wirsing

## Zutaten

Für 4 Personen

700 g Wirsing
4 Zwiebeln
4 Knoblauchzehen
Salz
3 EL Butter
2 TL Zucker
100 ml trockener Weißwein (z. B. Riesling)
Pfeffer
frisch geriebene Muskatnuss
250 g Sahne
500 g Hackfleisch vom Hirsch (ersatzweise Reh oder Wildschwein)
4 EL Olivenöl
2 TL Kräuter der Provence
1 TL edelsüßes Paprikapulver
250 g Bergkäse (am Stück)
8 Lasagneplatten (etwa 160 g; ohne Vorkochen)
100 g luftgetrockneter Schinken (in Scheiben)

Den Wirsing putzen, 6 große, äußere Blätter ablösen, dicke Blattrippen glatt schneiden, die Blätter waschen und beiseitelegen. Den Rest waschen und grob klein schneiden, dabei den harten Strunk und dicke Blattrippen entfernen. Zwiebeln und Knoblauch schälen und fein würfeln.

Einen großen Topf mit Salzwasser zum Kochen bringen. Die großen Wirsingblätter darin 4 Minuten blanchieren. Herausheben und in Eiswasser abschrecken, dann in einem Sieb abtropfen lassen. Inzwischen den geschnittenen Wirsing im kochenden Salzwasser 1 Minute blanchieren. Ebenfalls herausheben und in Eiswasser abschrecken, dann etwas ausdrücken. Die großen Blätter auf 2 sauberen Küchentüchern zum Trocknen auslegen.

Den Backofen auf 180° C Ober- und Unterhitze vorheizen. Für den Rahmwirsing 2 EL Butter in einem großen Topf erhitzen, die Hälfte der Zwiebeln und des Knoblauchs darin glasig dünsten. Den geschnittenen Wirsing und den Zucker dazugeben und 2 Minuten mitdünsten. Den Wein angießen und etwas einkochen lassen. Mit Salz, Pfeffer und Muskatnuss würzen. Die Sahne dazugeben und einmal aufkochen lassen. Die Hitze reduzieren und den Wirsing weitere 2 Minuten köcheln lassen. Vom Herd nehmen.

Das Hackfleisch in einer großen Pfanne in 2 EL Olivenöl bröselig braten. Restliche Zwiebel- und Knoblauchwürfel sowie Kräuter mitbraten, bis alles leicht gebräunt ist. Mit Paprikapulver würzen, mit Salz und Pfeffer abschmecken. Den Käse reiben.

Eine Auflaufform (etwa 25 x 20 cm oder 2 halb so große Formen) mit der restlichen Butter einfetten. 2 Lasagneplatten nebeneinander in die Form legen, mit etwas Olivenöl beträufeln. Alternativ jeweils 1 Lasagneplatte in die halb so großen Formen legen. 2 Wirsingblätter darauflegen, ein Viertel des Käses und des gezupften Schinkens sowie ein Drittel des Rahmwirsings und des Hackfleischs auf den Wirsingblättern verteilen. Diese Schichtung zweimal wiederholen und mit Nudeln, übriger Sahnesoße, Käse und restlichem Schinken abschließen. Im heißen Ofen auf der 2. Schiene von unten 45 Minuten backen, dabei abdecken, sobald eine ausreichende Bräunung erreicht ist. Herausnehmen und kurz ruhen lassen, dann portionieren und servieren.

# Hirsch-Sauerbraten mit Spätzle und Rotkohl

## Zutaten

Für 4 Personen

Für den Braten:
1 Knoblauchzehe
1 kleines Bund Suppengemüse
100 g Pastinake
1 Zwiebel
1 EL Wacholderbeeren
5 Pimentkörner
1 TL schwarze Pfefferkörner
5 Zweige Thymian
2 Gewürznelken
2 Lorbeerblätter
400 ml trockener Rotwein (z. B. Spätburgunder)
125 + 100 ml Wildfond
90 g Zucker
100 ml Rotweinessig
800 – 900 g Hirschkeule (ausgelöst)
Salz | Pfeffer
2 EL Butterschmalz
2 TL Tomatenmark
1 TL Speisestärke
40 g Cranberrys
3 EL Preiselbeeren (aus dem Glas)

Für die Spätzle:
400 g Weizenmehl (Type 550)
8 Eier (M)
Salz
1 EL Öl
3 EL Butter
Pfeffer
frisch geriebene Muskatnuss

Den Braten 4 Tage bis 1 Woche vor dem Essen marinieren. Dafür den Knoblauch andrücken. Übriges Gemüse schälen bzw. putzen und waschen und in 2 cm große Stücke schneiden. Wacholderbeeren, Piment und Pfeffer im Mörser grob zerstoßen. Thymian waschen. Gemüse, Gewürze, Thymian, Nelken, Lorbeerblätter, Rotwein, 125 ml Fond und Zucker aufkochen. Essig dazugeben, die Marinade abkühlen lassen. Fleisch und Marinade in einen großen Gefrierbeutel füllen, verschließen und gekühlt 4 – 7 Tage durchziehen lassen, dabei gelegentlich wenden.

Das Fleisch 1 Stunde vor der Zubereitung aus dem Kühlschrank und der Marinade nehmen, abtropfen und Zimmertemperatur annehmen lassen. Mit Küchengarn zu einem schönen Braten binden.

Den Backofen auf 180° C Ober- und Unterhitze vorheizen. Marinade durch ein Sieb gießen, grobe Gewürze und Kräuter entfernen, Gemüse gut abtropfen lassen. Das Fleisch mit Salz und Pfeffer würzen. In einem großen Bräter im Butterschmalz 5 Minuten rundherum anbraten, dann wieder herausnehmen. Das Gemüse etwa 3 Minuten unter Rühren anbraten. Tomatenmark kurz rösten. 500 ml Marinade und restlichen Fond dazugießen, mit Salz würzen und aufkochen. Das Fleisch hineinlegen, mit schräg aufgelegtem Deckel auf der zweiten Schiene von unten im Ofen etwa 2 Stunden schmoren, dabei den Braten nach der Hälfte der Zeit wenden.

Für die Spätzle Mehl in eine Schüssel geben, eine Mulde hineindrücken. Eier, 1 TL Salz und Öl dazugeben. Mit dem Schneebesen zu einem glatten Teig schlagen. Weiter schlagen, bis der Teig Blasen wirft. In einem großen Topf reichlich Salzwasser zum Kochen bringen. Den Teig portionsweise in eine Spätzlepresse (Kartoffelpresse) füllen und in das siedende Wasser pressen.

Sobald die Spätzle an die Oberfläche steigen, einmal kurz aufkochen lassen. Spätzle mit dem Schaumlöffel herausheben und abtropfen lassen. Weitere Portionen genauso zubereiten. Jeweils bis zur weiteren Verwendung auf einem mit Backpapier ausgelegten Blech verteilen.

Das Fleisch aus dem Bräter nehmen, auf einem vorgewärmten Teller im ausgeschalteten Ofen ruhen lassen. 50 ml Marinade mit der Stärke verrühren. Die Soße durch ein Sieb in einen kleinen Topf gießen, aufkochen, Cranberrys und die Marinade-Stärke-Mischung dazugeben und unter Rühren leicht dicklich einkochen. Vom Herd nehmen, die Preiselbeeren untermischen und mit Salz und Pfeffer abschmecken. Zugedeckt warm halten.

Für die Spätzle die Butter in einer großen Pfanne erhitzen. Die Spätzle kurz darin schwenken, bis sie warm sind. Mit Salz, Pfeffer und Muskatnuss würzen. Den Braten vom Garn befreien und in Scheiben schneiden. Mit den Spätzle auf Tellern anrichten, die Soße über die Bratenscheiben träufeln, sofort servieren.

## Zutaten

Für 4 Personen

1 Zimtstange
2 Lorbeerblätter
1 TL Gewürznelken
2 Pimentkörner
1 Kopf Rotkohl (1 kg)
70 g Zucker
2 TL Salz
250 ml Apfelsaft
3 EL Rotweinessig
1 Zwiebel
50 g Gänseschmalz
1 EL Preiselbeeren
1 Apfel (z. B. Elstar)
100 g geschälte Maronen
evtl. Speisestärke

## Rotkohl selbst machen

Eine klassische Beilage zum Sauerbraten ist Rotkohl. Für Maronen-Rotkohl am Vortag die Zimtstange, die Lorbeerblätter, Gewürznelken und Pimentkörner in einen Gewürzbeutel füllen. Vom Rotkohl die äußeren Hüllblätter entfernen. Den Kopf vierteln, den harten Strunk entfernen. Den Kohl in feine Streifen schneiden und mit 40 g Zucker, Salz, Apfelsaft und Rotweinessig verkneten. Den Gewürzbeutel dazugeben, zugedeckt über Nacht ziehen lassen.

Am nächsten Tag die Zwiebel schälen und fein würfeln. Gänseschmalz in einem Topf erhitzen und die Zwiebelwürfel glasig dünsten. Rotkohl samt Gewürzbeutel und Preiselbeeren dazugeben, zugedeckt bei schwacher bis mittlerer Hitze 1 Stunde köcheln lassen.

Den Apfel halbieren, das Kerngehäuse entfernen. Die Hälften schälen und in feine Würfel schneiden. Die Apfelwürfel 10 Minuten vor Garzeitende zum Rotkohl geben, alles fertig garen. Den Gewürzbeutel entfernen, den Rotkohl mit Salz und Pfeffer abschmecken, gegebenenfalls mit etwas in Wasser angerührter Speisestärke andicken.

Maronen mit dem restlichen Zucker in einer unbeschichteten Pfanne schwenken, bis der Zucker karamellisiert ist und die Maronen damit überzogen sind. Maronen unter den Rotkohl mischen, den Maronen-Rotkohl zum Sauerbraten servieren.

# Rehrücken mit Pflaumenchutney

## Zutaten

Für 4 Personen

Für das Fleisch:
2 Stücke Rehrückenfilet (à 350–400 g)
Salz | Pfeffer
2 Zweige Rosmarin
2 EL Öl

Für die Kartoffeltaler:
800 g vorwiegend festkochende Kartoffeln
Salz
1 Zwiebel
50 g Speckwürfel
3–4 EL Öl
50 g Weizenmehl (Type 405)
50 g Magerquark
Pfeffer
frisch geriebene Muskatnuss
2 Eier (M)

Für das Chutney:
1 rote Zwiebel
2 Knoblauchzehen
20 g Ingwer
400 g Pflaumen
60 g Zucker
4 EL Rotweinessig
2 Gewürznelken
2 Prisen Zimtpulver
Salz | Pfeffer

Den Backofen auf 80° C Ober- und Unterhitze vorheizen. Das Fleisch trocken tupfen und rundherum leicht salzen und pfeffern. Rosmarin waschen, trocken tupfen und grob zerrupfen. 2 EL Öl in einer ofenfesten Pfanne erhitzen und Rosmarin hineingeben. Das Fleisch rundherum 2 Minuten anbraten (auch an den Enden). Im Ofen auf mittlerer Schiene etwa 1 1/4 Stunden garen, bis das Fleisch eine Kerntemperatur von 60° C erreicht hat. Dafür mit dem Fleischthermometer arbeiten und den Temperaturfühler des Thermometers an der dicksten Stelle bis zur Mitte in eines der Fleischstücke stechen.

Inzwischen die Kartoffeln schälen und waschen. In einem Topf knapp mit Salzwasser bedecken, zum Kochen bringen und mit schräg aufgelegtem Deckel bei schwacher bis mittlerer Hitze 20–25 Minuten garen.

Für das Chutney Zwiebel, Knoblauch und Ingwer schälen und fein würfeln. Die Pflaumen waschen, halbieren und entsteinen. Die Hälften in schmale Spalten schneiden. Die vorbereiteten Zutaten in einem Topf mit Zucker, Essig, Nelken und Zimt erhitzen, mit etwas Salz würzen und mit schräg aufgelegtem Deckel bei nicht zu starker Hitze und unter gelegentlichem Rühren 10 Minuten einköcheln lassen. Das Chutney mit Salz und Pfeffer abschmecken und abkühlen lassen.

Für die Kartoffeltaler die Zwiebel schälen und fein würfeln. Speck mit 1 TL Öl in einer Pfanne auslassen, die Zwiebelwürfel mitdünsten, bis sie glasig sind. Vom Herd nehmen und abkühlen lassen.

Die Kartoffeln abgießen und etwas ausdampfen lassen, dann noch heiß durch die Kartoffelpresse drücken. Die Speck-Zwiebel-Mischung, Mehl und Quark dazugeben, mit Salz, Pfeffer und Muskatnuss würzen. Zuletzt die Eier hinzufügen und alles gut mischen.

Aus der Masse mit angefeuchteten Händen 12–16 flache Taler formen. Die Pfanne säubern, 1 EL Öl darin erhitzen, die Taler portionsweise goldbraun braten, dabei mindestens einmal wenden. Fertige Taler kurz auf Küchenpapier entfetten und im Backofen warm halten. Das Chutney leicht erwärmen. Das fertige Fleisch aus dem Ofen nehmen, in Alufolie wickeln und kurz ruhen lassen.

Das Chutney in einem Streifen auf 4 Teller verteilen, die Taler darauf anrichten. Das Fleisch auswickeln, in dicke Scheiben schneiden und je 2–3 Scheiben dazulegen. Das übrige Chutney kann man in kleine Schalen füllen und dazu servieren. Alles nach Belieben mit zerdrückten rosa Pfefferbeeren und Schnittlauch garnieren.

# Meine Menükarte

Champignon-Rahmsuppe mit Speck-Croûtons

Hirschgulasch mit Steinpilzen und Semmelknödeln

Bratäpfel mit Hagebuttenschaum

Hinweise zur Menüzubereitung auf S. 151

# Hirschgulasch mit Steinpilzen und Semmelknödeln

## Zutaten

Für 4 Personen

Für das Gulasch:
600 g Zwiebeln
8 kleine Steinpilze
2 Pimentkörner
1 TL schwarze Pfefferkörner
2 Wacholderbeeren
1 EL Butterschmalz
600 g Hirschgulasch
1 EL Tomatenmark
1 EL Zucker
200 ml trockener Rotwein
(z. B. Cabernet Sauvignon)
400 ml Wildfond
2 Lorbeerblätter
50 g Sahne
2 EL Preiselbeeren
Salz | Pfeffer
2 EL Butter

Für die Knödel:
6 altbackene Weizenbrötchen
1 1/2 Zwiebeln
3 EL Butter
15 g Petersilie
3 Eier (M)
200 ml Milch
Salz | Pfeffer
1/2 Bund Schnittlauch

Die Zwiebeln schälen und grob würfeln. Den unteren Teil der Steinpilzstiele abschneiden, putzen und klein schneiden. Piment, Pfefferkörner und Wacholderbeeren in einem Mörser fein zerdrücken. Butterschmalz in einer großen Schmorpfanne erhitzen und das Hirschgulasch darin bei großer Hitze anbraten, bis es rundherum leicht gebräunt ist. Die Zwiebeln und Steinpilzstiele dazugeben und mitbraten, bis sie ebenfalls gebräunt sind.

Tomatenmark und Zucker dazugeben und kurz karamellisieren lassen. Dann mit Wein ablöschen und den Fond angießen. Lorbeerblätter und die gemörserte Gewürzmischung unterrühren. Alles zum Kochen bringen, dann bei schwacher bis mittlerer Hitze zugedeckt etwa 2 Stunden schmoren lassen.

Für die Knödel die Brötchen fein würfeln. Die Zwiebeln schälen und fein würfeln. Butter in einer Pfanne erhitzen und die Zwiebelwürfel darin glasig dünsten. Petersilie waschen und trocken tupfen. Die Blätter abzupfen und fein hacken. Brötchenwürfel mit der Zwiebel-Butter-Mischung, den Eiern, Petersilie bis auf 2 Esslöffel, der Milch und 1 TL Salz mischen. Mit Pfeffer würzen, 20 Minuten ziehen lassen.

In einem großen Topf reichlich Salzwasser zum Kochen bringen. Aus der Masse 8 – 12 Knödel formen und diese im nur noch leicht siedenden Wasser 20 Minuten gar ziehen lassen. Schnittlauch waschen, trocken tupfen und in feine Röllchen schneiden.

Sahne und Preiselbeeren unter das Gulasch rühren. Mit Salz und Pfeffer abschmecken und zugedeckt warm halten. Die Pilze putzen und halbieren. Butter in einer Pfanne erhitzen und die Pilze darin braten, bis sie rundherum leicht gebräunt sind. Mit Salz und Pfeffer würzen. Die Knödel aus dem Sud heben und kurz abtropfen lassen. Das Gulasch auf Teller verteilen, die Knödel daneben anrichten und nach Belieben mit Schnittlauch garnieren. Die gebratenen Pilze anlegen und servieren.

# Champignon-Rahmsuppe mit Speck-Croûtons

## Zutaten

Für 4 Personen

1 Schalotte
2 Knoblauchzehen
1 Zweig Rosmarin
3 Zweige Thymian
200 g braune Champignons
3 EL Öl
Salz | Pfeffer
100 ml Sherry (fino)
600 ml Gemüsebrühe
1 Scheibe Roggenbrot
50 g Speckwürfel
2 Eigelb (M)
100 g Sahne
1–2 EL Weißweinessig
Schnittlauch zum Garnieren

Schalotte und Knoblauch schälen und fein würfeln. Kräuter waschen und trocken tupfen, 1 Thymianzweig beiseitelegen. Von den übrigen Kräutern Nadeln bzw. Blättchen abzupfen und fein hacken. Pilze putzen und in dünne Scheiben schneiden. Schalotten- und Knoblauchwürfel, gehackte Kräuter und Pilze in einem Topf in 1 EL Öl andünsten. Mit Salz und Pfeffer würzen, mit dem Sherry ablöschen und etwas verkochen lassen. Dann die Brühe dazugießen, zum Kochen bringen und die Suppe zugedeckt auf kleinster Stufe ziehen lassen.

Für die Croûtons das Brot würfeln. Vom übrigen Thymian die Blättchen ablösen. Speck, Brot und Thymian in einer Pfanne im übrigen Öl anrösten. Mit wenig Salz und etwas Pfeffer würzen. Die Suppe vom Herd nehmen. Eigelbe und Sahne schaumig schlagen. Die Eigelb-Sahne unter die Suppe rühren und diese damit leicht binden. Die Suppe nun nicht mehr kochen lassen, da das Ei sonst gerinnt. Mit Salz, Pfeffer und Essig abschmecken. Die Champignon-Rahmsuppe auf Suppenschalen verteilen, Speck-Croûtons darauf anrichten, nach Belieben mit Schnittlauch garnieren.

# Bratäpfel mit Hagebuttenschaum

## Zutaten

Für 4 Personen

2 EL + 1 TL Butter
1 EL Haselnusskerne
50 g Weizenmehl (Type 405)
4 EL + 1 TL Zucker
1 Prise Salz
4 Äpfel (z. B. Jonagold)
1 Prise Zimtpulver
60 g Marzipan
2 Eigelb (M)
6–8 cl trockener Weißwein (z. B. Riesling)
2 EL Hagebuttenmark (aus dem Glas)
2 TL Puderzucker

In einem Topf 2 EL Butter schmelzen, Nüsse grob hacken und Mehl, 2 EL Zucker und Salz dazugeben. Alles mit dem Holzlöffel zu einem bröseligen Teig zerstoßen. Streusel mit den Händen nachformen. Den Backofen auf 200° C Ober- und Unterhitze vorheizen.

Äpfel waschen, je einen Deckel abschneiden. Kerngehäuse ausstechen. Mit einem Kugelausstecher die Äpfel mittig 1–2 cm tief aushöhlen. Apfelaushub klein schneiden. Apfelstückchen in einer kleinen Pfanne in 1 TL Butter andünsten. 1 TL Zucker und 1 Prise Zimt zufügen und etwas karamellisieren. Marzipan fein würfeln und mit den Apfelstückchen mischen. Marzipanmischung in die Vertiefungen der Äpfel drücken, Streusel darauf verteilen. Äpfel und Deckel in eine Auflaufform setzen, im heißen Backofen auf der mittleren Schiene etwa 25 Minuten backen, bis die Streusel gebräunt und die Äpfel gar, aber noch nicht zerfallen sind.

Für den Hagebuttenschaum inzwischen die Eigelbe mit 2 EL Zucker und 4 cl Wein über dem heißen Wasserbad zu einer schaumigen Creme schlagen, dabei aufpassen, dass die Masse nicht zu heiß wird, da das Ei sonst gerinnt. Hagebuttenmark unterheben. Schaum mit Weißwein verdünnen, bis er dickflüssig ist. Je einen Schaumspiegel auf 4 Dessertteller geben. Bratäpfel aus dem Ofen nehmen, vorsichtig darauf setzen. Deckel an die gefüllten Äpfel lehnen. Mit etwas Puderzucker bestäuben und servieren.

# Medaillons mit Spekulatiuskruste

## Zutaten

Für 4 Personen

Für das Fleisch:
40 g altbackenes Weißbrot
40 g Spekulatius
1 Zweig Rosmarin
Abgeriebene Schale von 1/2 Bio-Orange
100 g weiche Butter
1 Knoblauchzehe
Salz | Pfeffer
8 Medaillons (aus dem Rücken vom Hirsch oder Reh; à 80 g)
8 Scheiben Frühstücksspeck (Bacon)
2 EL Olivenöl

Für den Glühweinsirup:
1 Zweig Rosmarin
1 Knoblauchzehe
250 ml Glühwein
50 g Zucker

Für das Püree:
400 g Rote Bete
Salz
500 g vorwiegend festkochende Kartoffeln
2 Zacken Sternanis
1 Apfel (z. B. Elstar)
150 ml Milch
50 g Butter
Pfeffer
frisch geriebene Muskatnuss

Für das Fleisch zunächst die Spekulatiusbutter herstellen. Dafür Brot und Spekulatius fein hacken. Rosmarin waschen und trocken tupfen, die Nadeln abzupfen und fein hacken. Alles mit der Orangenschale zur Butter geben. Knoblauch schälen und dazupressen. Mit Salz und Pfeffer würzen und die Zutaten nun mit einer Gabel unter die Butter mischen. Die Butter in einen Streifen Frischhaltefolie einschlagen und die Enden fest zusammendrehen, sodass eine kompakte »Wurst« entsteht. Spekulatiusbutter kühl stellen.

Für den Glühweinsirup den Rosmarin waschen und trocken schütteln. Knoblauch schälen und halbieren. Glühwein mit Zucker, Rosmarin und Knoblauch zum Kochen bringen und einige Minuten leicht sirupartig einkochen lassen. Rosmarin und Knoblauch herausfischen. Beiseitestellen.

Für das Püree die Roten Beten putzen, schälen und grob würfeln. In einem Topf mit kochendem Salzwasser bedeckt 5 Minuten garen. Kartoffeln schälen, waschen und grob würfeln. Kartoffeln und Sternanis zu den Roten Beten geben und alles mit schräg aufgelegtem Deckel bei mittlerer Hitze etwa 20 Minuten garen. Den Apfel vierteln, das Kerngehäuse entfernen. Die Viertel schälen und grob würfeln. Die Apfelstücke gegen Ende der Garzeit etwa 5 Minuten mit den Kartoffeln und den Rote Beten garen.

Die Milch erwärmen. Den Sternanis aus der Kartoffel-Rote-Bete-Mischung entfernen. Kartoffeln, Rote Beten und Apfel abgießen und etwas ausdampfen lassen, dann durch eine Kartoffelpresse drücken. Milch und Butter unterrühren. Das Püree mit Salz, Pfeffer und Muskatnuss abschmecken. Zugedeckt warm halten.

Den Wirsing putzen, waschen und grob klein schneiden, dabei den harten Strunk und dicke Blattrippen entfernen. Zwiebeln und Knoblauch schälen und fein würfeln.

Einen großen Topf mit Salzwasser zum Kochen bringen. Den Wirsing darin 1–2 Minuten blanchieren. Herausheben und in Eiswasser abschrecken. Dann aus dem Wasser heben, in einem Sieb abtropfen lassen und etwas ausdrücken.

Den Backofengrill auf 220° C erhitzen. Medaillons mit Salz und Pfeffer würzen und seitlich mit dem Speck umwickeln. Olivenöl in einer Pfanne erhitzen, die Medaillons darin von allen Seiten anbraten, bis sie leicht gebräunt sind. Aus der Pfanne nehmen und auf ein mit Backpapier ausgelegtes Blech legen.

Für den Wirsing:
500 g Wirsing
2 Zwiebeln
2 Knoblauchzehen
Salz
2 EL Butter
50 g getrocknete Cranberrys
1 TL Zucker
100 ml Gemüsebrühe
1 EL Weißweinessig
Pfeffer
frisch geriebene Muskatnuss
100 g Sahne

Die Spekulatiusbutter in Scheiben schneiden und auf den Medaillons platzieren. Die Medaillons auf der mittleren Schiene übergrillen, bis die Kruste gut gebräunt und eine Kerntemperatur von 58° C erreicht ist, dafür mit dem Fleischthermometer arbeiten und den Temperaturfühler des Thermometers in ein Medaillon stechen.

Für den Wirsing Butter in einem großen Topf erhitzen, Zwiebeln, Knoblauch und Cranberrys darin andünsten. Den Wirsing und den Zucker dazugeben und 2 Minuten mitdünsten. Die Brühe und Essig angießen und etwas verkochen lassen. Mit Salz, Pfeffer und Muskatnuss würzen. Die Sahne hineingießen und einmal aufkochen lassen. Die Hitze reduzieren und den Wirsing weitere 2 Minuten köcheln lassen. Vom Herd nehmen. Glühweinsirup erneut erwärmen.

Das Fleisch aus dem Ofen nehmen und noch kurz mit Alufolie abgedeckt ruhen lassen. Inzwischen Püree und Wirsing auf Tellern anrichten. Etwas Glühweinsirup angießen und die Medaillons daraufsetzen. Sofort servieren.

Hase & Kaninchen

# Info

Die meiste Zeit des Tages verbringt der als Einzelgänger lebende Hase in seiner Sasse, einer flachen Mulde. Sie ist sein Ruhelager. Nähert sich ein Feind, bleibt der Hase fast wie erstarrt liegen und vertraut seiner Tarnung oder er rettet sich mit einem schnellen Satz aus der Sasse und flüchtet mit den bekannten Haken bei Spitzengeschwindigkeiten bis zu 80 Stundenkilometern. Mit diesen Manövern entkommt das aufmerksame Fluchttier zumeist seinen natürlichen Feinden, beispielsweise Greifvögeln oder dem Fuchs. Am Abend wird Meister Lampe aktiv und kann auf Wiesen und Feldern bei der Nahrungsaufnahme von Gräsern, Kräutern, Wurzeln und Knollen beobachtet werden. Schwerer als seine natürlichen Feinde setzt dem Hasen aber der fortschreitende Verlust seiner natürlichen Lebensräume zu. Probleme bereitet Hasen zudem nasskalte Witterung. Besonders im Frühjahr verenden die Jungtiere häufig an Unterkühlung, da sie – anders als Jungkaninchen im Bau – oberirdisch der Witterung ausgesetzt sind. Durch die kurze Tragezeit und drei bis vier Sätze Junghasen im Jahr, hat die Population aber ein erhebliches Erholungspotenzial.

Trotz ihres vermeintlich ähnlichen Äußeren, sind die ursprünglich aus Südeuropa stammenden Wildkaninchen nur entfernt mit dem Hasen verwandt. Im Vergleich zum bis zu 6 kg schweren Hasen fallen sie mit maximal 2,2 kg auch deutlich leichter aus. Und auch das Fleisch beider Arten unterscheidet sich stark. Während das dunkle Hasenfleisch optisch und geschmacklich wie Rindfleisch daherkommt, erinnert das helle Kaninchenfleisch eher an Geflügel. Die geselligen Tiere leben in großen Familien in unterirdischen Bauten und sind als Kulturfolger weniger menschenscheu als Hasen. Daher sind sie auch häufig in Parkanlagen und Gärten anzutreffen. Was ihre Nahrung angeht, sind die Tiere wenig wählerisch. Ob Gräser, Ackerpflanzen, Kräuter, Rinde, Knospen oder Zweige – nichts wird verschmäht, nur rein pflanzlich sollte es sein. Kaninchen haben eine hohe Vermehrungsrate, trotzdem unterliegt die Population starken Schwankungen. In den vergangenen Jahrzehnten wurden die Bestände durch verschiedene Infektionskrankheiten stark dezimiert. Daher ist die Jahresstrecke aktuell auf unter 100 000 Tiere gesunken. Zur Info: In NRW ist die Jagdzeit beim Hasen vom 16. Oktober bis zum 31. Dezember. Ausgewachsene Wildkaninchen dürfen vom 16. Oktober bis zum 28. Februar bejagt werden, nur Jungkanichen ganzjährig.

**Verwendete Stücke:**

| | |
|---|---|
| **Ganzes Tier** | Im Ganzen als Braten oder in Teilstücken geschmort |
| **Rücken** | Im Ganzen geschmort oder gegrillt, ausgelöstes, zartes Fleisch rosa gegart |
| **Keulen** | Im Ganzen als Braten, entbeint als Ragout, Gulasch, für Terrinen und Pasteten |
| **Schultern** | Geschmort, entbeint als Ragout, Gulasch, für Terrinen und Pasteten |
| **Innereien** | Leber kurz gebraten, auch als Pastete |

**Optimale Kerntemperatur für kurzgebratene Stücke:**

| | |
|---|---|
| **Hasenrücken** | 58–60° C |
| **Kaninchen- und Hasenfilet** | 62–65° C |

# Hasenpfeffer mit Westfälischer Gremolata

## Zutaten

Für 4 Personen

Für den Hasenpfeffer:
4 Hasenkeulen (à 400–500 g)
1 kg Zwiebeln
1,6 l Wildfond
8 Pimentkörner
2 TL schwarze Pfefferkörner
4 Wacholderbeeren
50 g Schweineschmalz
1 EL Tomatenmark
Salz
1 EL Weizenmehl (Type 405)
1 Flasche Bier (Pils oder Altbier; 330 ml)
4 Lorbeerblätter
2 Gewürznelken

Für die Gremolata:
2 EL Speckwürfel
1/2 Apfel (z. B. Jonagold)
40 g Cornichons
10 Halme Schnittlauch
1 Bio Zitrone
2 EL eingelegte Kapern
Gemahlener Pfeffer

Den Backofen auf 220° C Ober- und Unterhitze vorheizen. Von den Hasenkeulen das Fleisch abschneiden und zugedeckt kühl stellen. Die Knochen auf dem Blech im heißen Backofen 30 Minuten rösten.

2 Zwiebeln waschen und halbieren. In einem Topf ohne Fett mit der Schnittfläche nach unten kurz anrösten. Dann den Fond angießen, die Knochen hinzufügen und den Fond offen bei nicht zu starker Hitze etwa 20–25 Minuten auf etwa 1,2 l einkochen lassen.

Das Fleisch in gulaschgroße Stücke schneiden. Die übrigen Zwiebeln schälen, halbieren und in schmale Spalten schneiden. Piment, Pfefferkörner und Wacholderbeeren im Mörser grob zerstoßen.

Schweineschmalz in einem großen Topf erhitzen und das Fleisch darin rundherum anbraten. Die Zwiebeln dazugeben und mitbraten, bis sie leicht gebräunt sind. Tomatenmark dazugeben und leicht karamellisieren. Etwas salzen und das Mehl darüber stäuben, alles mit dem Bier ablöschen. Kurz köcheln lassen, dann den durchgesiebten Fond, Lorbeerblätter, Nelken und die gemörserte Gewürzmischung dazugeben. Zum Kochen bringen und bei schwacher Hitze mit schräg aufgelegtem Deckel etwa 2 1/2 Stunden köcheln lassen, dabei in der letzten Stunde den Deckel entfernen.

Für die westfälische Gremolata den Speck in einer Pfanne ohne Fett knusprig auslassen. Den halben Apfel waschen, das Kerngehäuse entfernen und den Apfel fein würfeln. Die Cornichons in Scheiben schneiden. Schnittlauch waschen, trocken schütteln und in feine Röllchen schneiden. Alles mischen.

Die Zitrone heiß waschen, abtrocknen, die Schale abreiben und etwas Saft auspressen. Kapern und Zitronenschale unterrühren und den Hasenpfeffer mit Salz, 1–2 EL Zitronensaft und reichlich Pfeffer abschmecken. Den Hasenpfeffer auf Teller verteilen und die Gremolata darüberstreuen. Dazu passen Salzkartoffeln.

# Meine Menükarte

Crostini mit Brie, Roten Beten und Balsamico-Zwiebeln

Hasenrücken im Blätterteig

Geeiste Mascarpone-Nocken

Hinweise zur Menüzubereitung auf S. 152

# Hasenrücken im Blätterteig mit bunten Beten

## Zutaten

Für 4 Personen

Für den Hasenrücken:
800 g gelbe und weiße sowie Ringelbete
Salz
4 Scheiben tiefgekühlter Blätterteig
400 g Hasenfilet
2 EL Olivenöl
4 Zweige Thymian
3 Stängel Petersilie
2 EL flüssiger Honig
1 EL Weißweinessig
1 Knoblauchzehe
Pfeffer
8 dünne Scheiben Tiroler Speck
Mehl für die Arbeitsfläche
1 Ei (M)
125 g Pflücksalat

Für die Kirschsoße:
1 rote Zwiebel
1 Knoblauchzehe
2 EL Olivenöl
1 TL Thymianblättchen
70 ml Weißweinessig
200 g Kirschkonfitüre
2 TL Dijonsenf
Salz | Pfeffer

Die Bete in einem Topf mit leicht gesalzenem Wasser bedecken, zum Kochen bringen und etwa 45 Minuten gar kochen. Den Blätterteig auftauen lassen.

Inzwischen das Hasenfilet von der Silberhaut befreien und in 8 etwa 5 cm lange Stücke schneiden. Olivenöl in einer Pfanne erhitzen. Die Filetstücke von allen Seiten anbraten, bis sie leicht gebräunt sind. Sofort aus der Pfanne nehmen, vollständig abkühlen lassen und 10 Minuten kühl stellen.

Kräuter waschen und trocken tupfen. Die Blätter abzupfen und getrennt voneinander fein hacken. Die Hälfte des Thymians mit Honig und Essig verrühren. Knoblauch schälen, fein würfeln und dazugeben. Mit Salz und Pfeffer würzen und für die Bete beiseitestellen.

Die Speckscheiben auf der Arbeitsfläche auslegen. Das Fleisch mit Salz und Pfeffer würzen und in den übrigen gemischten Kräutern wenden. Dann in Speck einrollen.

Für die Soße die Zwiebel und den Knoblauch schälen und fein würfeln. Olivenöl in einem Topf erhitzen, die Zwiebelwürfel darin glasig dünsten, Knoblauch und Thymian kurz mitdünsten. Dann den Essig dazugeben und kurz köcheln lassen. Konfitüre und Senf dazugeben, alles glatt rühren und mit Salz und Pfeffer abschmecken.

Den Backofen auf 220° C Ober- und Unterhitze vorheizen. Den Blätterteig auf der bemehlten Arbeitsfläche etwas größer ausrollen. Dann halbieren. Die Ränder mit dem verquirlten Ei bestreichen. Die Fleischröllchen mittig auf den Blätterteig setzen und einrollen. Gut verschließen und auf ein mit Backpapier ausgelegtes Blech legen. Die Oberseiten mit dem Ei bestreichen und den Teig mehrfach parallel leicht einschneiden, damit beim Backen die Luft entweichen kann.

Im heißen Backofen auf der mittleren Schiene 10–12 Minuten backen, bis der Blätterteig gut gebräunt ist. Die Bete abgießen, schälen und in Scheiben schneiden und in eine Auflaufform geben. Mit dem Thymian-Honig bestreichen und 5 Minuten mit in den Ofen stellen. Die Kirschsoße erneut erhitzen. Salat waschen und trocken schleudern. Die Hasenrücken im Blätterteig aus dem Ofen nehmen, kurz ruhen lassen. Die Kirschsoße auf Teller verteilen, den Salat und die Bete darauf anrichten. Die Blätterteigpäckchen halbieren, gegebenenfalls auch die Teigenden abschneiden, damit die Röllchen aufrecht stehen bleiben. Die Röllchen auf dem Salat anrichten und servieren.

# Crostini mit Brie, Roten Beten und Balsamico-Zwiebeln

## Zutaten

Für 4 Personen

1 Rote Bete (ca. 200 g)
1/2 Baguette (ca. 25 cm)
60 g Kräuterbutter
2 rote Zwiebeln
2 Zweige Thymian
1 EL Olivenöl
2 EL Zucker
50 ml Gemüsebrühe
80 ml Aceto balsamico
Salz | Pfeffer
200 g Brie
2 EL Haselnusskerne

Den Backofen auf 200° C Ober- und Unterhitze vorheizen. Rote Bete waschen, fest in Alufolie wickeln und im heißen Ofen 1 Stunde backen. Das Brot in 12 Scheiben schneiden, mit Kräuterbutter bestreichen. Für die Balsamico-Zwiebeln die Zwiebeln schälen und fein würfeln. Thymian waschen und trocken tupfen, die Blättchen abzupfen. Zwiebeln und Thymian in einem Topf im Olivenöl andünsten. Zucker dazugeben und leicht karamellisieren. Brühe und Aceto balsamico angießen und alles offen etwa 8 Minuten dicklich einkochen lassen. Mit Salz und Pfeffer abschmecken, abkühlen lassen.

Rote Bete aus dem Ofen nehmen, die Folie entfernen, etwas abkühlen lassen. Die Backofentemperatur auf 100° C herunterstellen. Das Brot auf dem mit Backpapier ausgelegten Rost 5 Minuten anrösten. Den Käse in 12 Scheiben schneiden und auf die Brote legen. Im Ofen einige Minuten schmelzen lassen.

Rote Bete schälen, in 6 Scheiben schneiden und diese halbieren. Nüsse grob hacken. Die Brote aus dem Ofen nehmen und auf Teller verteilen. Mit je 1 Rote-Bete-Scheibe belegen und die Balsamico-Zwiebeln daraufgeben. Die Nüsse darüber streuen und sofort servieren.

# Geeiste Mascarpone-Nocken

## Zutaten

Für 4 Personen

250 g Mascarpone
150 g Ziegenfrischkäse
80 ml Eierlikör
120 g Zucker
2 EL Zitronensaft
1 Prise Salz
50 g dunkle Kuvertüre
100 ml Aceto balsamico
4 große Löffelbiskuits
2 TL Kakaopulver

Für die Nocken Mascarpone, Ziegenfrischkäse, Eierlikör, 70 g Zucker, Zitronensaft und Salz glatt rühren. In die Eismaschine füllen und gefrieren lassen. Dann in eine TK-Box umfüllen und ins Tiefkühlfach stellen. Alternativ direkt in eine TK-Box füllen und darin gefrieren lassen.

Für die Schokogitter zwei leere, schmale Flaschen (z. B. Balsamico- oder Likörflaschen) mit Backpapier umwickeln, mit Gummibändern fixieren und 20 Minuten ins Eisfach legen. Die Kuvertüre klein hacken, im heißen Wasserbad schmelzen lassen und in einen Spritzbeutel mit feiner Tülle füllen. Auf die erkalteten Flaschen jeweils ein Schokogitter aufspritzen. Das Gitter vollständig fest werden lassen und kühl stellen.

Den Aceto balsamico mit 50 g Zucker bei mittlerer Hitze einige Minuten einkochen lassen, bis er leicht sirupartig ist. Abkühlen lassen. Von der Mascarpone-Creme pro Portion 2 Nocken abstechen und in Dessertschalen anrichten. Die Löffelbiskuits halbieren und aufrecht in die Schälchen stellen. Alles mit dem Balsamico-Sirup beträufeln. Die Schokogitter vorsichtig vom Papier lösen und aufrecht auf die Nocken setzen. Alles mit Kakao bestäuben und servieren.

# Mediterrane Hasenkeule

## Zutaten

Für 4 Personen

2 Hasenkeulen (à ca. 400 – 500 g)
6 Schalotten (oder kleine rote Zwiebeln)
4 Knoblauchzehen
6 Zweige Thymian
3 Zweige Rosmarin
5 EL Olivenöl
Salz | Pfeffer
1 Bio-Zitrone
2 EL + 2 TL Honig
2 Lorbeerblätter
200 ml Gemüsefond
2 Scheiben Frühstücksspeck (Bacon)
500 ml trockener Weißwein (z. B. Sauvignon blanc)
150 g gemischte Oliven (ohne Stein)
2 TL Tomatenmark
1 – 2 TL Kakaopulver
250 g Kirschtomaten
evtl. Speisestärke

Den Backofen auf 200° C Ober- und Unterhitze vorheizen. Die Hasenkeulen parieren. Schalotten bzw. Zwiebeln und Knoblauch schälen, die Schalotten längs halbieren, den Knoblauch in Scheiben schneiden. Kräuter waschen und trocken tupfen. 3 EL Olivenöl in einem Schmortopf erhitzen. Die Keulen mit Salz und Pfeffer würzen und im heißen Öl rundherum anbraten, bis sie leicht gebräunt sind. Wieder herausnehmen.

Die Zitrone heiß waschen, trocken reiben und halbieren. Eine Hälfte in Schnitze schneiden. Schalotten bzw. Zwiebeln im Schmortopf braten, bis sie leicht glasig sind. Knoblauch kurz mitbraten, 1 EL Honig hinzufügen und aufwallen lassen. Die Hasenkeulen darauf legen, Zitronenschnitze, Kräuter und Lorbeerblätter hinzufügen. Mit dem Fond ablöschen. Je 1 Scheibe Speck der Länge nach darüberlegen und den Weißwein angießen. Die Keulen mit geschlossenem Deckel etwa 1 1/2 Stunden im heißen Backofen garen. Dabei gelegentlich mit etwas Sud übergießen. Nach 1 Stunde die Oliven dazugeben.

Den Schmortopf aus dem Ofen nehmen. Die Keulen vom Speck befreien, herausnehmen und zugedeckt warm halten. Kräuter, Lorbeerblätter und Zitronenschnitze herausfischen. Den Bratensud durch ein Sieb gießen, Oliven und Schalotten bzw. Zwiebeln aufbewahren. 1 EL Honig und das Tomatenmark in einem Topf leicht karamellisieren. Den Bratensud dazugießen und leicht dicklich einkochen lassen, eventuell mit Speisestärke binden. 1 TL Kakaopulver unterrühren, Oliven und Schalotten bzw. Zwiebeln wieder in den Sud geben. Die Soße mit Salz, Pfeffer und gegebenenfalls noch etwas Kakaopulver abschmecken.

Den Backofengrill auf 250° C anheizen. Die Tomaten waschen und trocken tupfen. Die Hasenkeulen mit 1 EL Olivenöl bestreichen und einige Minuten auf dem mit Backpapier ausgelegten Rost übergrillen. 1 EL Olivenöl in einer Pfanne erhitzen. Die Tomaten darin 3 – 4 Minuten anbraten. Dann den restlichen Honig dazugeben und die Tomaten damit glasieren. Mit Salz und Pfeffer würzen und vom Herd nehmen. Übrige Zitronenhälfte in Schnitze schneiden.

Die Hasenkeulen auf Teller legen und mit der dunklen Soße übergießen. Tomaten rundherum anrichten. Die Zitronenschnitze dazulegen und alles servieren. Dazu passt geröstetes Baguette oder Ciabattabrot.

# Radicchiosalat mit Kaninchenleber

## Zutaten

Für 4 Personen

100 g kernlose Weintrauben (grün, rot oder blau)
1 rote Zwiebel
2 EL + 1 TL Honig
100 ml Weißweinessig
4 EL Öl
Salz | Pfeffer
1 großer Radicchio
400 g Kaninchenleber
1 EL Weizenmehl (Type 405)
1 säuerlicher Apfel (z. B. Boskoop)
2 EL Butter
2 EL Haselnusskerne

Für das Dressing die Trauben vom Stiel zupfen, waschen und abtropfen lassen. Anschließend halbieren. Die Zwiebel schälen und in Streifen schneiden. Zwiebelstreifen und 2 EL Honig in einem Topf erhitzen und 2 Minuten dünsten. Den Essig hinzufügen und kurz köcheln lassen. Dann vom Herd nehmen und das Öl unterschwenken. Mit Salz und Pfeffer abschmecken. Die Weintrauben in das heiße Dressing geben und darin ziehen lassen.

Radicchio zerpflücken, waschen und trocken schleudern. Die Blätter klein zupfen oder in Streifen schneiden. Die Leber waschen, trocken tupfen und in pflaumengroße Stücke schneiden, mit etwas Mehl bestäuben. Den Apfel halbieren, vom Kerngehäuse befreien und in Spalten schneiden. 1 EL Butter in einer Pfanne erhitzen, die Apfelscheiben darin 2 Minuten schwenken. 1 TL Honig dazugeben und leicht karamellisieren. Herausnehmen und beiseitestellen. Die Pfanne säubern. Erneut 1 EL Butter darin erhitzen und die Leberstücke darin von beiden Seiten je 1–2 Minuten anbraten. Herausnehmen, salzen und pfeffern.

Haselnusskerne grob hobeln oder hacken. Radicchio mit den Apfelspalten auf Tellern verteilen. Alles mit dem Dressing beträufeln. Die Leber darauf anrichten. Mit den Haselnussblättchen und nach Belieben gehackter Petersilie bestreuen und sofort servieren.

# Rosmarin-Kaninchen-Spieße mit Tomaten-Brot-Salat

## Zutaten

Für 4 Personen

Für das Fleisch:
12 Zweige Rosmarin
500 g Kaninchenfilet
1/2 Bio-Zitrone
1 Knoblauchzehe
3 EL Olivenöl
1 EL flüssiger Honig
Salz | Pfeffer

Für den Salat:
1 rote Zwiebel
5 EL Aceto balsamico
1 1/2 EL Honig
Salz | Pfeffer
500 g bunte Kirschtomaten (rot, gelb und orange)
5 Stängel Basilikum
2 Knoblauchzehen
150 g Ciabattabrot
5 EL Olivenöl
60 g kleine schwarze Oliven (ohne Stein)

Den Rosmarin waschen und trocken tupfen. Den unteren Teil von den Nadeln befreien. Die Kaninchenfilets in 36 Stücke schneiden. Diese jeweils mit einem Schaschlikspieß durchstechen und danach auf einen Rosmarinzweig jeweils drei Fleischstücke aufspießen. .

Die Zitrone heiß waschen, abtrocknen, die Schale abreiben und den Saft auspressen. Knoblauch schälen, pressen und mit Olivenöl, Honig, Zitronenschale und 1 EL Saft verrühren. Leicht salzen und pfeffern. Einige Rosmarinnadeln fein hacken und dazugeben, übrige Rosmarinnadeln anderweitig verwenden. Das Fleisch mit der Marinade einpinseln und 30 Minuten ziehen lassen.

Für das Salatdressing die Zwiebel schälen und fein würfeln. Zwiebel, Balsamico und Honig verrühren, mit Salz und Pfeffer würzen und 10 Minuten ziehen lassen.

Gegebenenfalls den Grill anheizen. Die Tomaten waschen und halbieren. Basilikum waschen und trocken tupfen, Blätter abzupfen. Knoblauch schälen und in Scheiben schneiden. Das Brot grob würfeln. Eine Pfanne erhitzen. Die Brotwürfel im Olivenöl etwa 5–7 Minuten rundherum goldbraun rösten, dabei immer wieder wenden. Kurz vor Schluss den Knoblauch dazugeben und etwas mitrösten. Vom Herd nehmen.

Die Kaninchenspieße wenige Minuten grillen, bis sie rundherum leicht gebräunt und gar sind oder alternativ in einer Pfanne in Olivenöl braun braten. Tomaten, Oliven und Brot mit dem Zwiebeldressing mischen, Basilikum unterheben. Spieße salzen und pfeffern und mit dem Salat auf Tellern anrichten und servieren.

# Meine
# Menükarte

Rote-Bete-Gazpacho mit Dill-Schaum

Geschmortes Kaninchen

Blätterteig-Tartelettes mit Baiserhaube

Hinweise zur Menüzubereitung auf S. 152

# Geschmortes Kaninchen

## Zutaten

Für 4 Personen

Für das Fleisch:
1 Kaninchen (zerteilt in Schultern, Keulen und Rückenstücke samt Knochen sowie Karkassen)
2 Zwiebeln
2 Knoblauchzehen
3 Zweige Thymian
2 Zweige Rosmarin
400 ml Wildfond
100 ml Orangensaft
2 – 3 EL Zitronensaft
8 cl Wermut (z.B. Martini)
Salz | Pfeffer
2 EL Olivenöl
1 rote Paprikaschote
1 kleine Zucchini (ca. 200 g)
250 g Kirschtomaten
100 g grüne Oliven (ohne Stein)
1 EL Honig
1 EL Tomatenmark

Für die Kartoffeln:
800 g junge, festkochende Kartoffeln
Salz

Den Backofen auf 220° C Ober- und Unterhitze vorheizen. Kaninchenkarkassen, also Knochenstücke ohne wesentlichen Fleischanteil, auf einem Blech 25 Minuten rösten. Inzwischen 1 Zwiebel waschen und halbieren. Mit den Schnittflächen in eine heiße Pfanne setzen und bräunen. 1 Knoblauchzehe waschen und andrücken. Thymian und Rosmarin waschen. Kaninchenkarkassen aus dem Ofen nehmen. Mit vorbereiteten Zutaten und Wildfond in einem Topf zum Kochen bringen. Zugedeckt 20 Minuten köcheln lassen. Dann durch ein Sieb gießen. Orangen- und 2 EL Zitronensaft sowie Wermut dazugeben, den Sud salzen und pfeffern.

Den Backofen erneut vorheizen, diesmal auf 200° C Ober- und Unterhitze. Übrige Zwiebel und restlichen Knoblauch schälen und fein würfeln. Olivenöl in einer großen Pfanne erhitzen, die Kaninchenteile salzen und pfeffern und rundherum anbraten, bis sie leicht gebräunt sind. Dann herausnehmen. Zwiebel- und Knoblauchwürfel in der Pfanne kurz anbraten. Mit dem Sud ablöschen. Die Kaninchenteile dazugeben und zugedeckt bei mittlerer Hitze 35 Minuten garen, dabei hin und wieder wenden.

Paprika halbieren, entkernen, waschen und grob würfeln. Zucchini waschen, längs halbieren und in dicke Scheiben schneiden. Tomaten waschen und abtropfen lassen. Die Kartoffeln gründlich waschen, noch tropfnass mit 2 TL Salz einreiben und auf einem mit Backpapier ausgelegten Blech verteilen. Auf der mittleren Schiene des heißen Backofens 30 – 35 Minuten backen, bis die Kartoffeln runzelig sind. Das klein geschnittene Gemüse und die Oliven nach 15 Minuten Garzeit zum Kaninchen geben und alles fertig garen.

Kartoffeln aus dem Ofen nehmen. Den Backofengrill auf 250° C erhitzen. Die Kaninchenteile aus der Pfanne nehmen und im Backofen kurz übergrillen, bis sie leicht gebräunt sind. Die Soße durch ein Sieb gießen, dabei das Gemüse aufbewahren.

Honig und Tomatenmark in einem Topf erhitzen und leicht karamellisieren. Die Soße dazugeben und leicht dicklich einkochen lassen, gegebenenfalls mit etwas Speisestärke andicken. Die Soße mit Salz, Pfeffer und Zitronensaft abschmecken. Das Gemüse wieder hineingeben und erneut erwärmen. Gemüse samt Soße und die Kartoffeln mit den übergrillten Kaninchenteilen auf Tellern anrichten. Dazu passt Aioli (siehe Seite 117).

# Rote-Bete-Gazpacho mit Dill-Schaum

## Zutaten

Für 4 Personen

600 g Rote Bete
1 Salatgurke
1 rote Zwiebel
3 Knoblauchzehen
2 rote Chilischoten
1 Avocado
1 kleiner Bund Dill
100 ml Orangensaft
50 ml + 1 – 2 TL Zitronensaft
2 EL Rotweinessig
Salz | Pfeffer
100 g Sahne
100 g Schmand

Für die Gazpacho die Roten Beten schälen. Die Gurke schälen, längs halbieren und entkernen. Die Zwiebel und den Knoblauch schälen. Die Chili längs halbieren, entkernen und waschen. Die Avocado halbieren und entkernen, das Fruchtfleisch mit einem Löffel aus der Schale lösen. Alles klein schneiden. Dill waschen und trocken tupfen. 2 Stängel für den Schaum beiseitelegen, den Rest samt Stielen fein hacken.

Die vorbereiteten Zutaten mit Orangensaft, 50 ml Zitronensaft und Essig in eine hohe Schüssel geben. Mit Salz und Pfeffer würzen. Fein pürieren, mit Salz und Pfeffer abschmecken und 30 Minuten kühl stellen.

Restlichen Dill samt Stielen grob hacken und mit Sahne und Schmand in einen Mixbecher geben. Etwas durchmixen, dann mit Zitronensaft, Salz und Pfeffer abschmecken. Danach richtig schaumig mixen.

Je 200 ml Gazpacho auf vier Gläser verteilen und etwas Schaum daraufgeben. Nach Belieben mit marinierten Gurken-, Zwiebel- und Chiliwürfeln sowie etwas Dill garnieren und servieren. Übrige Gazpacho als eventuellen Nachschlag servieren.

# Blätterteig-Tartelettes mit Baiserhaube

## Zutaten

1 Ei (M)
1 EL Milch
2 EL + 50 g Puderzucker
2 TL Ingwerpulver
60 g Zucker
1 Pck. Blätterteig (ca. 280 g, fertig ausgerollt, aus dem Kühlregal)
1 TL Speisestärke
1/2 TL rosa Pfefferbeeren (nach Belieben)
1 EL gehackte Walnusskerne (nach Belieben)

Den Backofen auf 200° C Ober- und Unterhitze vorheizen. Ein Backblech mit Backpapier auslegen. Das Ei trennen. Eigelb mit Milch, 2 EL Puderzucker und 1 TL Ingwerpulver verquirlen. Zucker und übrigen Ingwer mischen. Blätterteig entrollen, mit der Eigelbmischung einpinseln. Gleichmäßig mit dem Ingwerzucker bestreuen und von der Längsseite her aufrollen. In 12 Scheiben schneiden. Diese flach auf das Blech legen und mit den Händen zu flachen Kreisen drücken. Im heißen Ofen 10–12 Minuten backen, bis sie leicht gebräunt sind.

Inzwischen das Eiweiß halbsteif schlagen. Dann nach und nach 50 g Puderzucker einrieseln lassen und alles zu einer cremig-weißen Baisermasse schlagen. Zuletzt die Speisestärke unterrühren. Die Masse in einen Spritzbeutel mit Sterntülle füllen. Das Blech aus dem Ofen nehmen und auf jeden Kreis eine Baiserhaube spritzen. Erneut in den Ofen schieben, 3–5 Minuten überbacken, bis die Baiserhaube leicht gebräunt ist. Das Blech aus dem Ofen nehmen. Tartelettes auf Tellern anrichten. Dazu passt Orangenkompott, alternativ Vanillesoße oder Hagebuttenschaum (siehe Seite 87). Nach Belieben mit zerdrückten rosa Pfefferbeeren, gehackten Walnusskernen und Puderzucker garnieren.

# Paella mit Kaninchen

## Zutaten

Für 4 Personen

2 Zwiebeln
2 Knoblauchzehen
2 rote Spitzpaprikaschoten
100 g breite grüne Bohnen
4 Merguez (ca. 300 g, ersatzweise Wildbratwürstchen)
800 ml heißer Gemüsefond
2 Döschen Safranfäden (0,2 g)
1/2 TL gemahlene Kurkuma
2 Zweige Rosmarin
1 Kaninchen (zerteilt in Schulter, Keulen und Rückenstücke samt Knochen)
5 EL Olivenöl
Salz | Pfeffer
2 Lorbeerblätter
1 TL Pimentón de la Vera (ersatzweise edelsüßes Paprikapulver)
250 g Paellareis (Arroz bomba; ersatzweise Risottoreis – Brühemenge und Zubereitungszeit können variieren)
125 ml trockener Weißwein (z. B. Sauvignon blanc)
1 Bio-Zitrone
3 Stängel Petersilie

Die Zwiebeln und den Knoblauch schälen und fein würfeln. Die Paprikaschoten längs halbieren, entkernen, waschen und klein schneiden. Die Bohnen putzen, waschen und in mundgerechte Stücke schneiden. Die Würstchen in Stücke schneiden. 700 ml Fond mit Safran und Kurkuma verrühren. Rosmarin waschen und trocken tupfen.

Kaninchenteile soweit wie möglich von der Silberhaut befreien. Mit Salz und Pfeffer würzen. 2 EL Olivenöl in einer großen, hohen Pfanne erhitzen, die Kaninchenteile rundherum braten, bis sie gar und gebräunt sind. Merguez mit anbraten, bis sie rundherum gebräunt sind. Alles aus der Pfanne nehmen. Restliches Olivenöl erhitzen, Zwiebeln und Paprika darin andünsten, bis die Zwiebelwürfel glasig sind. Bohnen, Knoblauch, Rosmarin und die Lorbeerblätter dazugeben und kurz mitdünsten. Mit Pimentón bzw. Paprikapulver würzen, Reis hinzufügen und alles kurz dünsten. Dann mit dem Wein ablöschen, diesen fast vollständig verkochen lassen. 700 ml Safranfond angießen, Kaninchen- und Wurststücke auf den Reis legen. Alles zum Kochen bringen und bei schwacher Hitze zunächst 5 Minuten offen, dann 15 Minuten zugedeckt köcheln lassen, dafür gegebenenfalls noch etwas Brühe dazugeben.

Inzwischen die Zitrone heiß waschen, trocken reiben und in Schnitze schneiden. Die Petersilie waschen und trocken tupfen, die Blätter abzupfen und in Streifen schneiden. Die Paella mit Salz und Pfeffer abschmecken, Rosmarin und Lorbeerblätter entfernen. Die Paella auf Teller verteilen und mit Petersilie bestreuen. Die Zitronenschnitze zum individuellen Nachwürzen dazulegen.

## Tipp: Aioli selbst machen

Zu den gebratenen Kaninchenteilen passt sehr gut eine Aioli. Hier ein schnelles Rezept. Alle Zutaten sollten Zimmertemperatur haben. 3 Knoblauchzehen schälen und fein würfeln. 1 Eigelb (M), Knoblauchwürfel und 2 TL Zitronensaft in einen Mixbecher geben, mit etwas Salz würzen und 100 ml neutrales Öl (z. B. Sonnenblumenöl) sowie 50 ml Olivenöl dazugießen. Den Stabmixer in den Mixbecher stellen. Erst am Boden durchmixen, dann langsam nach oben ziehen, bis eine cremige Aioli entstanden ist. Gegebenenfalls mit etwas Salz und noch etwas Zitronensaft abschmecken.

# Wildgeflügel

# Info

Die vier in diesem Buch behandelten Wildgeflügel machen den Hauptanteil der Jahresstrecke aus: Stockenten, Grau-, Kananda- und Nilgänse, Fasane und Ringeltauben. Von diesen »Großen Vier« wurden im Jahr 2020 insgesamt rund 900.000 Exemplare erlegt, mit Ausnahme der Gänse jedoch mit sinkender Tendenz. Ob Brust, Keule oder ganzer Vogel: Allen Arten und Fleischstücken ist gemein, dass ihr zartes Fleisch sehr geschätzt wird.

Die, je nach Art, bis zu 5 kg schweren Gänse und die maximal 1,5 kg schweren Stockenten halten sich gerne auf Gewässern auf, zur Nahrungsaufnahme auch in deren Nähe. Der auffällige, bis zu 1,4 kg wiegende Fasan benötigt ein Mosaik aus ausreichend Deckung und offenen Flächen wie Wiesen und Feldern für die Balz und Nahrungsaufnahme. Diese Bedingungen findet der ursprünglich in Asien heimische, aber bereits vor Jahrhunderten nach Europa eingeführte Hühnervogel insbesondere in der von Menschen geprägten Kulturlandschaft. Die Verwandtschaft zu den Hühnern zeigt sich am hellen, zarten Fleisch, wohingegen die Ringeltaube überraschend dunkles Fleisch hat. Diese ist bei der Wahl ihres Lebensraums sehr flexibel. Ursprünglich an Wälder gebunden, brüten die kräftig wirkenden und dennoch nur bis zu 500 g leichten Tauben heute auch an Alleen, in Parks oder auf Friedhöfen. So erscheint die Ringeltaube allgegenwärtig und ist hierzulande die häufigste Nichtsingvogelart.

Alle jagbaren Wildgeflügelarten sind eine ausgesprochen saisonale Spezialität, denn die Vögel haben einen Großteil des Jahres Schonzeit, während der Brutzeiten und der Sommermauser.

**Verwendete Stücke:**

| | |
|---|---|
| **Ganzes Tier** | Im Ganzen als Braten oder in Teilstücken geschmort, in Suppen und Eintöpfen, Knochen für Fond |
| **Brust** | Im Ganzen geschmort oder gebraten, ausgelöstes Fleisch kurz gebraten, gepökelt oder geräuchert |
| **Keulen** | Im Ganzen als Braten, entbeint als Frikassee oder Geschnetzeltes, für Terrinen und Pasteten |
| **Innereien** | Leber kurz gebraten, auch als Pastete |

**Optimale Kerntemperatur für kurzgebratene Stücke**

| | |
|---|---|
| **Stockenten** | medium 75-80° C |
| **Entenbrust** | medium 62-65° C |
| **Taube, Taubenbrust** | medium 65-68° C, well done 72–75° C |
| **Gans, Gänsebrust** | medium 75-82° C, well done 90–92° C |
| **Fasan, Fasanenbrust** | 70-72° C |

# Französischer Enten-Aufstrich (Rillette)

## Zutaten

Für 3 Gläser (à 250 ml)

2 Zwiebeln
2 Knoblauchzehen
1 Möhre (ca. 50 g)
1/2 Bund Majoran
1/2 Bund Zitronenthymian
2 Wildentenkeulen (á 300 – 350 g)
100 g Gänse- oder Schweineschmalz (+ evtl. zusätzliches Schmalz zum Auffüllen)
2 Wacholderbeeren
2 Pimentkörner
10 schwarze Pfefferkörner
1 kleiner Sternanis
2 Streifen Bio-Orangenschale
100 ml Fond (Enten-, Gänse- oder Wildfond),
50 ml weißer Dessertwein (z. B. Beerenauslese)
Salz | Pfeffer

Die Zwiebeln, 1 Knoblauchzehe und die Möhre schälen und fein würfeln. Kräuter waschen und trocken tupfen. 2 Zweige Zitronenthymian fürs spätere Abschmecken beiseitelegen.

Die Entenkeulen waschen und trocken tupfen. Die Haut abziehen und mit dem Schmalz in einem großen Topf erhitzen. Keulen, Gemüse, Kräuter, Gewürze, Orangenschale, Fond und Wein in den Topf geben. Mit Salz würzen. Zugedeckt bei schwacher bis mittlerer Hitze 2 – 2 1/2 Stunden köcheln lassen, bis das Fleisch gar ist und sich leicht vom Knochen löst.

Die Keulen herausnehmen, das Fleisch ablösen und fein zerrupfen. Den Sud durch ein Sieb gießen. Übrigen Knoblauch schälen und fein würfeln. Vom übrigen Zitronenthymian die Blättchen abzupfen. Beides in den Sud geben, erneut erhitzen. Mit Salz und Pfeffer kräftig abschmecken. Das Fleisch dazugeben und ebenfalls erhitzen. Dann in 3 Bügelgläser (à 250 ml) füllen. Das Fleisch mit einem Löffel herunterdrücken, sodass es vollständig mit Fett bedeckt ist (dafür gegebenenfalls noch etwas Schmalz erhitzen und darübergießen). Die Gläser verschließen, die Rillette abkühlen lassen und bis zur Verwendung kühl stellen. Auf diese Weise ist die Rillette ungeöffnet mehrere Monate haltbar. Sie passt perfekt zu Baguette, aber auch Graubrot, z. B. beim Anstoßen mit Gästen.

## Tipp

Auf die gleiche Art können auch Hasenkeulen und Kaninchenteile zu Rillette verarbeitet werden. Hierbei etwas mehr Schmalz und die doppelte Menge Wein verwenden und die Garzeit, besonders beim Hasen, verlängern.

# Teriyaki-Bowl mit Pulled Duck

## Zutaten

Für 4 Personen

Für das Fleisch:
3 Wildentenkeulen (à 300–350 g)
Salz | Pfeffer
4 Knoblauchzehen
2 Schalotten
3 Scheiben Ingwer
Je 4 Streifen Bio-Orangen- und Bio-Zitronenschale
ca. 750 ml Öl
150 ml Teriyakisoße
Saft von 1 Orange

Für den Reis:
250 g Sushi-Reis
2 1/2 EL Reisessig
1 1/2 EL Zucker
1/2 TL Salz

Für die Wasabi-Mayo:
150 g Mayonnaise
4 TL Wasabipaste
1 EL Zitronensaft
1/2 TL Zucker
Salz

Außerdem:
500 g Brokkoli
250 g TK-Edamame (unreif geerntete Sojabohnen ohne Schale)
1 EL Sesam
1 kleiner Bund Frühlingszwiebeln
2 Kästchen Shiso-Kresse (oder Kresse)
Salz
4 EL Röstzwiebeln

Den Backofen auf 120° C Ober- und Unterhitze vorheizen. Die Entenkeulen waschen und trocken tupfen und mit Salz und Pfeffer einreiben. Die Keulen in eine möglichst genau passende Auflaufform oder einen Topf legen. Knoblauchzehen und Schalotten schälen, Schalotten halbieren. Beides mit Ingwer und den den Streifen von Orangen- und Zitronenschale dazugeben. Die Keulen knapp mit Öl bedecken und die Auflaufform auf die mittlere Schiene des Backofens stellen. Im heißen Ofen 3 Stunden sanft garen (Konfieren).

Die Auflaufform aus dem Ofen nehmen, das Fleisch aus dem Öl heben, gründlich abtropfen und etwas abkühlen lassen.

Teriyakisoße mit Orangensaft offen bei mittlerer Hitze leicht dicklich einkochen lassen. Das Fleisch von den Knochen lösen und zerrupfen. Zerrupftes Entenfleisch mit der Soße mischen. Mit Salz und Pfeffer abschmecken und beiseitestellen.

Den Reis in ein Sieb geben, nur kurz abspülen und abtropfen lassen. Mit 270 ml Wasser in einem Topf zugedeckt auf höchster Stufe aufkochen und 1 Minute kochen lassen. Dann den Reis auf niedrigster Stufe zugedeckt 10 Minuten garen.

Inzwischen für die Wasabi-Mayo Mayonnaise, Wasabipaste, Zitronensaft und Zucker glatt rühren. Mit Salz würzen und bis zur Verwendung zugedeckt kühl stellen.

Den Reistopf vom Herd nehmen, ein gefaltetes sauberes Küchentuch unter den Deckel klemmen und den Reis 15 Minuten quellen lassen.

Brokkoli in kleine Röschen teilen, den Strunk anderweitig verwenden, z. B. für Suppe oder Püree. Die Brokkoliröschen und Edamame in einem Dämpfeinsatz über kochendem Wasser 4–5 Minuten bissfest dämpfen. Dann in ein Sieb abgießen und kalt abschrecken. Den Sesam in einer Pfanne ohne Fett anrösten, bis er zu knacken beginnt. Dann herausnehmen. Frühlingszwiebeln putzen, waschen und in feine Ringe schneiden. Kresse abschneiden.

Für den Reis Essig, Zucker und Salz in einem kleinen Topf unter Rühren erhitzen, bis sich Zucker und Salz gelöst haben. Den Reis vom Herd nehmen. Die Essigmischung über den Reis träufeln und vorsichtig unterheben.

Das Fleisch erneut erhitzen, Brokkoli und Edamame ebenfalls erneut in wenig leicht gesalzenem Wasser erhitzen. Sushi-Reis auflockern und mittig in Schüsseln häufen. Fleisch, Brokkoli, Frühlingszwiebeln, Kresse und Edamame rundherum an den Rand häufen. Mit Röstzwiebeln und Sesam bestreuen. Die Mayo in kleine Schälchen füllen und dazu servieren.

# Marokkanische Ente mit Couscous

## Zutaten

Für 4 Personen

Für die Ente:
100 g getrocknete Aprikosen
150 g getrocknete Feigen
3 EL Olivenöl
2 EL Zitronensaft
2 EL Honig
2 TL Ras el-Hanout
1/2 TL gemahlene Kurkuma
2 Knoblauchzehen
Salz | Pfeffer
1 Wildente (ca. 900 g)

Für den Couscous:
1 rote Zwiebel
1 EL Olivenöl
350 ml Hühnerbrühe
1 Döschen Safran (0,1 g)
1 TL Ras el-Hanout
1 Prise Zimt
2 Zacken Sternanis
1 TL Honig
Salz | Pfeffer
200 g Couscous
40 g Rosinen
1/2 Bio-Zitrone

Für das Gemüse:
1 rote Zwiebel
1 Aubergine (ca. 250 g)
1 gelbe Zucchini (ca. 300 g)
2 EL Olivenöl
1 EL Honig
1/2 TL Ras el-Hanout
2 TL Thymianblättchen
2 EL Zitronensaft
Salz | Pfeffer
evtl. Dill und gehackte Pistazien

Den Backofen auf 180° C Ober- und Unterhitze vorheizen. Für die Ente das Trockenobst in einer Schüssel mit kochendem Wasser übergießen und 5 Minuten einweichen. Olivenöl, Zitronensaft, Honig, Ras el-Hanout und Kurkuma verrühren, Knoblauch schälen und dazupressen. Mit Salz und Pfeffer würzen. Bei der Ente gegebenenfalls enthaltene Innereien und den Hals entfernen und anderweitig verwenden. Die Ente innen und außen kalt abspülen und trocken tupfen. Innen und außen mit Salz und Pfeffer würzen und innen bereits mit etwas Würzmischung bestreichen. Das Trockenobst in ein Sieb abgießen und kurz abtropfen lassen, von den Feigen die harten Stiele abdrehen. Die Ente mit dem Obst füllen. Gegebenenfalls an den Keulen mit Küchengarn zusammenbinden. Die Ente in einen Bräter legen und mit aufgelegtem Deckel im heißen Backofen etwa 1 Stunde braten.

Nach 1 Stunde Garzeit die Ente mit der Würzmischung bestreichen und weitere 30 Minuten braten, dabei immer wieder bestreichen. Inzwischen für den Couscous die Zwiebel schälen und fein würfeln. Olivenöl in einem Topf erhitzen und die Zwiebelwürfel darin rundherum etwa 6 Minuten glasig dünsten. In einem weiteren Topf die Hühnerbrühe mit Safran, Ras el-Hanout, Zimt und Sternanis zum Kochen bringen. Honig zu den Zwiebelwürfeln geben und leicht karamellisieren. Mit Salz und Pfeffer würzen, Couscous und Rosinen untermischen, vom Herd nehmen.

Die Zitrone heiß waschen und trocken reiben, die Schale fein abreiben. Den Saft auspressen und beiseitestellen. Zitronenschale in den kochenden Fond geben, alles über den Couscous gießen und diesen zugedeckt 10 Minuten quellen lassen.

Für das Gemüse die Zwiebel schälen und in schmale Spalten schneiden. Aubergine und Zucchini waschen, längs vierteln und in dicke Scheiben schneiden. Olivenöl in einer Pfanne erhitzen. Das Gemüse darin bei mittlerer Hitze 6–8 Minuten anbraten. Honig, Ras el-Hanout, Thymian und Zitronensaft dazugeben und noch kurz weiter dünsten. Das Gemüse mit Salz und Pfeffer abschmecken.

Für die Ente gegebenenfalls noch kurz den Grill dazuschalten und sie knusprig braun grillen. Den Couscous auflockern, mit Zitronensaft, Salz und Pfeffer abschmecken und in eine Schüssel füllen. Das Gemüse ebenfalls in einer Schüssel anrichten und nach Belieben mit Dill und gehackten Pistazien garnieren. Die Ente aus dem Ofen nehmen und alles servieren. Die Ente bei Tisch zerteilen.

# Flammkuchen mit geräucherter Gänsebrust

## Zutaten

Für 4 Personen

320 g Weizenmehl (Type 550)
4 EL Öl
1/2 TL Salz
Mehl zum Verarbeiten
1 rote Zwiebel
250 g Rotkohl
2 EL Rotweinessig
2 EL Walnussöl
1 TL Honig
Salz | Pfeffer
4 Feigen
400 g Schmand
200 g geräucherte Wildgänsebrust (in dünnen Scheiben)

Für den Teig Mehl, Öl, 1/2 TL Salz und 180 ml Wasser in einer Schüssel mit den Knethaken des Handrührgeräts zu einem glatten Teig verarbeiten. Den Teig zu einer Kugel formen, mit Mehl bestäuben und 30 Minuten ruhen lassen.

Den Backofen auf 250° C Ober- und Unterhitze vorheizen. Die Zwiebel schälen und fein würfeln. Rotkohl waschen und in feine Streifen hobeln. Mit Essig, Walnussöl und Honig verrühren und mit Salz und Pfeffer abschmecken. Die Feigen waschen und in Scheiben schneiden, dabei die Stielansätze entfernen.

Den Teig in vier Portionen teilen. Auf der bemehlten Arbeitsfläche jeweils hauchdünn auf etwa 35 x 20 cm ausrollen und auf zwei bemehlte Backbleche und zwei Streifen Backpapier legen. Jeweils mit dem Schmand bestreichen, dabei einen schmalen Rand frei lassen. Mit Salz und Pfeffer würzen und mit den Zwiebelwürfeln bestreuen. Ein Blech auf die mittlere Schiene des Backofens schieben und den ersten Flammkuchen in 10–12 Minuten knusprig braun backen. Herausnehmen, das zweite Blech in den Backofen geben.

Den gebackenen Flammkuchen mit Rotkohl, Feigen und Gänsebrust belegen. Vierteln und servieren. Die übrigen Flammkuchen nach und nach auf dieselbe Art zubereiten, belegen und servieren.

# Meine Menükarte

Zwiebelsuppe mit Riesling

Gepökelte Gänsebrust mit Rieslingkraut

Crêpes mit Riesling-Äpfeln

Hinweise zur Menüzubereitung auf S. 153

# Gepökelte Gänsebrust mit Rieslingkraut

## Zutaten

Für 4 Personen

Für die Gans:
3 Zweige Thymian
2 Zweige Rosmarin
250 g Pökelsalz (vom Metzger)
60 g Zucker
10 Wacholderbeeren
4 Lorbeerblätter
6 Pimentkörner
1 TL Senfkörner
1 Wildgänsebrust (mit Knochen)

Für das Rieslingkraut:
2 Zwiebeln
4 EL Butter
50 g Speckwürfel
1–2 EL Zucker
4 Wacholderbeeren
4 Nelken
2 Lorbeerblätter
375 ml trockener Riesling
200 g Crème fraîche
Salz | Pfeffer
1 kg gegartes Sauerkraut

Für die Gans 5 Tage vor dem Essen starten. Für die Pökellake die Kräuter waschen. 3 l Wasser in einem Topf mit Pökelsalz, Zucker, Kräutern und Gewürzen aufkochen und rühren, bis sich das Salz gelöst hat. Anschließend auf Zimmertemperatur abkühlen lassen.
Die Gänsebrust kalt abspülen und trocken tupfen. In die Pökellake legen, mit einem Teller beschweren, sodass sie unter Wasser bleibt. 5 Tage zugedeckt in einem kühlen Raum, z. B. im Keller oder im Kühlschrank, pökeln, dabei jeden Tag wenden.

Nach dem Pökeln den Backofen auf 180° C Ober- und Unterhitze vorheizen. Die Gans aus der Lake nehmen, kalt abspülen und gut abtrocknen. Die Oberseite mehrfach einstechen, sodass beim Backen das Fett austreten kann. Die Gänsebrust auf den Rost legen. Eine Auflaufform oder ein tiefes Blech, jeweils mit Wasser gefüllt, unterschieben. Die Gans 30 Minuten garen, bis eine Kerntemperatur von 70–74° C erreicht ist. Dafür mit dem Fleischthermometer arbeiten und den Temperaturfühler des Thermometers tief in die Brust stecken.

Inzwischen für das Rieslingkraut die Zwiebeln schälen und in feine Würfel schneiden. Butter in einem Topf erhitzen, Zwiebel- und Speckwürfel darin andünsten, bis die Zwiebelwürfel glasig sind. 1 EL Zucker und die Gewürze hinzufügen und kurz mitdünsten. Dann nach und nach den Riesling angießen und jeweils etwas verkochen lassen. Crème fraîche unterrühren und 2 – 3 Minuten leicht dicklich einkochen lassen. Mit Salz und Pfeffer würzen. Das Sauerkraut untermischen und erhitzen. Mit Salz, Pfeffer und gegebenenfalls noch etwas Zucker abschmecken und zugedeckt warm halten.

Für die Gänsebrust den Grill auf 220° C dazuschalten und diese weitergaren, bis die Gänsebrust schön gebräunt und knusprig ist und eine Kerntemperatur von 80–82° C erreicht ist. Die Gans aus dem Ofen nehmen und kurz unter Alufolie ruhen lassen. Anschließend das Fleisch zunächst vom Knochen, dann in dicke Scheiben schneiden und mit dem Sauerkraut servieren. Dazu passt Kartoffelpüree mit in Butter gerösteten groben Thymian-Semmelbröseln.

# Zwiebelsuppe mit Riesling

## Zutaten

Für 4 Personen

500 g Zwiebeln
3 Knoblauchzehen
4 EL Öl
2 EL Butter
2 TL Zucker
Salz | Pfeffer
5 EL Weizenmehl (Type 405)
500 ml trockener Riesling
1 l Hühnerfond
4 Scheiben Baguette
100 g Münsterkäse
1 Knoblauchzehe
1 Stängel Petersilie

Zwiebeln und Knoblauch schälen, Zwiebeln in feine Ringe schneiden, 2 Knoblauchzehen fein würfeln. Das Öl und 1 EL Butter in einem großen Topf erhitzen, Zwiebeln darin glasig dünsten. Zucker unterrühren, die Zwiebeln mit Salz und Pfeffer würzen und mit dem Mehl bestäuben, alles gründlich mischen. Die Temperatur erhöhen, nach und nach den Wein angießen, jeweils etwas einkochen lassen. Fond angießen, zum Kochen bringen. Bei schwacher bis mittlerer Hitze mit schräg aufgelegtem Deckel 15 Minuten köcheln lassen. Inzwischen den Backofen auf 180° C Ober- und Unterhitze vorheizen.

Nach 10 Minuten Brotscheiben hellbraun toasten. Übrigen Knoblauch halbieren, Brotscheiben damit abreiben. Anschließend mit der übrigen Butter bestreichen. Käse in Scheiben schneiden, auf das Brot legen. Suppe gegebenenfalls mit Salz und Pfeffer abschmecken, in ofenfeste Suppenschalen füllen. Brotscheiben darauflegen. Auf oberster Schiene im Ofen 6 – 8 Minuten überbacken. Inzwischen die Petersilie waschen und trocken tupfen, die Blätter abzupfen und fein hacken. Die Suppe aus dem Ofen nehmen und servieren. Die Petersilie darüberstreuen.

# Crêpes mit Riesling-Äpfeln

## Zutaten

Für 4 Personen

125 g Mehl
250 ml Milch
1 Pck. Bourbon-Vanillezucker
2 Prisen Zimtpulver
Salz
60 g Butter
2 Eier (M)
2 Äpfel (z. B. Jonagold)
2 EL + 1 TL Puderzucker
125 ml trockener Riesling
4–6 TL Öl zum Braten
120 ml Karamellsoße
2 EL Walnusskerne

Für den Teig das Mehl mit der Milch, dem Vanillezucker und je 1 Prise Zimt und Salz mit dem Schneebesen verrühren. 40 g Butter schmelzen. Zunächst die Eier, dann die geschmolzene Butter unter den Teig schlagen. Den Teig 15 Minuten quellen lassen.

Den Backofen auf 80° C Ober- und Unterhitze vorheizen. Die Äpfel waschen, dann die Kerngehäuse ausstechen. Die Äpfel in etwa 1 cm dicke Scheiben schneiden. Restliche Butter und 2 EL Puderzucker in einer großen Pfanne erhitzen, die Apfelscheiben darin andünsten. Wein und 1 Prise Zimt hinzufügen und etwas verkochen lassen. Apfelscheiben mit dem Weinsud auf einen Teller legen und im Ofen warm halten.

Die Pfanne säubern. In der Pfanne 1 TL Öl erhitzen, eine Kelle Teig hineingeben und durch Schwenken gleichmäßig dünn verteilen. Bei mittlerer Hitze backen, bis die Unterseite leicht gebräunt ist. Den Crêpe wenden und fertig backen. Im Ofen warm halten. Währenddessen 3–5 weitere Crêpes backen. Crêpes und Äpfel aus dem Ofen nehmen. Äpfel samt Weinsud mittig auf die Crêpes verteilen, die Crêpes von allen Seiten leicht zur Mitte klappen und auf vier Teller legen. Karamellsoße erwärmen, mit etwas Salz abschmecken und darüber träufeln. Nüsse mit den Händen zerbröckeln und darüberstreuen. Mit dem restlichen Puderzucker bestäuben und garnieren.

# Fasanenbrust mit Steinpilz-Risotto

## Zutaten

Für 4 Personen

Für das Risotto:
1 l Gemüsefond (ersatzweise Gemüsebrühe)
8–10 g getrocknete Steinpilze
3 Schalotten
1 Knoblauchzehe
2 EL Olivenöl
400 g Risottoreis (z. B. Arborio)
100 ml trockener Weißwein (z. B. Grauburgunder)
80 g italienischer Hartkäse (z. B. Parmesan oder Pecorino)
40 g Butter
1 EL Aceto balsamico bianco (oder Condimento bianco)
Pfeffer

Für das Fleisch:
2 Schalotten
2 EL Butter
1 Scheibe Weißbrot
30 g Walnusskerne
1 EL gehackte Petersilie
1 TL Thymianblättchen
2 EL Öl
Salz | Pfeffer
4 Fasanenbrüste (ohne Haut und Knochen; à 140–150 g)
1 EL Butterschmalz

Für das Risotto 100 ml Gemüsefond erhitzen, die Steinpilze gegebenenfalls etwas zerbröckeln und darin 30 Minuten einweichen. Schalotten und Knoblauch schälen und fein würfeln.

Für das Fleisch zunächst die Kruste vorbereiten. Dafür die Schalotten schälen und fein würfeln. In einer kleinen Pfanne 1 EL Butter erhitzen. Schalotten darin andünsten, bis sie glasig und schließlich leicht gebräunt sind. Brot toasten und klein würfeln. Walnüsse grob hacken. In einer Schüssel die Schalotten samt Butter mit Brot, Walnüssen, Kräutern und Öl mischen, mit Salz und Pfeffer würzen. Die Mischung abkühlen lassen. Den Backofen auf 130° C Ober- und Unterhitze vorheizen. Das Fasanenbrüste kalt abspülen und trocken tupfen, rundherum salzen und pfeffern. Für das Risotto den restlichen Fond erhitzen.

Fasanenbrüste in einer großen Pfanne im heißen Butterschmalz auf jeder Seite 2–3 Minuten anbraten. Fleisch aus der Pfanne nehmen, auf ein mit Backpapier ausgelegtes Blech legen. Im Ofen 10 Minuten garen.

Für das Risotto das Olivenöl in einem Topf erhitzen und die Schalottenwürfel darin glasig dünsten. Reis und Knoblauch hinzufügen und kurz mitdünsten. Mit dem Wein ablöschen und etwas verkochen lassen. Steinpilze samt Fond hinzufügen und etwas verkochen. Dann nach und nach den Fond zufügen, jeweils etwas einkochen lassen, dabei gelegentlich rühren. Das Risotto auf diese Weise bei schwacher bis mittlerer Hitze 18–20 Minuten kochen, bis der Reis gar, aber noch bissfest ist (dabei bleibt gegebenenfalls noch etwas Fond übrig).

Für das Fleisch übrige Butter und abgekühlte Krustenmasse mischen, mit Salz und Pfeffer würzen. Die Masse gleichmäßig auf den Fasanenbrüsten verteilen und zu kleinen Hauben festdrücken. Den Grill dazuschalten und etwa 5 Minuten überbacken, bis die Kruste leicht gebräunt ist.

Vom Käse 20 g mit dem Sparschäler abziehen und mit den Händen grob zerbröckeln. Restlichen Käse grob reiben. Geriebenen Käse, Butter und Essig unter das Risotto rühren und mit Pfeffer und nach Belieben etwas Salz abschmecken. Das Risotto auf tiefe Teller verteilen. Fasanenbrust darauf anrichten. Mit dem übrigen Käse bestreuen und servieren.

## Tipp:

Als würziges Extra nach Belieben 1 EL Olivenöl erhitzen, 2 EL Speckwürfel darin auslassen, 2 EL zerbröckelte Walnusskerne und 1 TL Thymianblättchen kurz mitbraten. Mit 1 TL Honig glasieren und mit Salz und Pfeffer würzen. Über das fertige Gericht streuen.

# Meine Menükarte

Süßkartoffeltaler mit Gorgonzola

Fasanenkeule mit Süßkartoffelpüree

Kleiner Blaubeerauflauf (Clafoutis)

Hinweise zur Menüzubereitung auf S. 153

# Fasanenkeule mit Süßkartoffelpüree

## Zutaten

Für 4 Personen

Für das Fleisch:
1 Bund Petersilie
1 Bund Koriandergrün
1 Knoblauchzehe
1 TL edelsüßes Paprikapulver
1/2 TL gemahlener Kreuzkümmel
4 EL Olivenöl
2 EL Zitronensaft
1 TL Honig
Salz | Pfeffer
4 Fasanenkeulen (à 120 g)

Für das Püree:
500 g festkochende Kartoffeln
700 g Süßkartoffeln
Salz
2 Zacken Sternanis
1/4 TL Zimtpulver
40 g Butter
frisch geriebene Muskatnuss

Für die Soße:
250 g Blaubeeren
1 Schalotte
1 Knoblauchzehe
1 Zweig Rosmarin
1 EL Butter
1 EL Honig
Salz | Pfeffer
4 EL Rotweinessig
1 TL Speisestärke

Den Backofen auf 200° C Ober- und Unterhitze vorheizen. Für die Marinade die Kräuter samt Stielen grob hacken. Knoblauch schälen und grob würfeln. Kräuter und Knoblauch mit Gewürzen, 3 EL Olivenöl, Zitronensaft und Honig fein pürieren und mit Salz und Pfeffer würzen. Die Fasanenkeulen salzen, in einer Pfanne im restlichen Öl rundherum anbraten und mit der Marinade bestreichen. In einer Auflaufform im heißen Backofen 30 Minuten knusprig braun backen, dabei noch zweimal mit Marinade bestreichen.

Inzwischen für das Püree Kartoffeln und Süßkartoffeln schälen, waschen und klein schneiden. 1 l gesalzenes Wasser mit den Kartoffeln in einem Topf aufkochen und bei schwacher bis mittlerer Hitze zugedeckt 5 Minuten köcheln lassen. Dann die Süßkartoffeln und Gewürze hinzufügen, erneut aufkochen und alles weitere 10–12 Minuten zugedeckt gar köcheln.

Die Blaubeeren waschen und abtropfen lassen. Die Schalotte und den Knoblauch schälen und fein würfeln. Rosmarin waschen und trocken tupfen. Die Nadeln abzupfen und fein hacken. Butter in einer Pfanne erhitzen. Schalotte, Knoblauch und Rosmarin darin andünsten, bis die Schalottenwürfel glasig sind. Den Honig dazugeben und kurz aufwallen lassen, mit Salz und Pfeffer würzen. Die Blaubeeren dazugeben, bei schwacher bis mittlerer Hitze 5 Minuten weich dünsten und etwas andrücken. Essig mit Speisestärke verrühren und dazugeben, leicht dicklich einkochen lassen. Mit Salz und Pfeffer abschmecken und zugedeckt warm halten.

Von den Kartoffeln das Wasser abgießen, den Sternanis entfernen. Kartoffeln und Süßkartoffeln im Topf etwas ausdampfen lassen. Schließlich die Butter hinzufügen und alles mit dem Kartoffelstampfer fein stampfen. Mit Salz und Muskatnuss abschmecken und zugedeckt warm halten.

Das Püree auf Teller verteilen, die Fasanenkeulen darauf anrichten. Die Soße drumherum träufeln. Nach Belieben mit Koriander garnieren und servieren.

# Süßkartoffeltaler mit Gorgonzola

## Zutaten

Für 4 Personen

650 g Süßkartoffeln
Salz
1/2 Stange Lauch
1 Stängel Petersilie
100 g blütenzarte Haferflocken
2 Eier (M)
1/2 TL edelsüßes Paprikapulver
1/2 TL gemahlener Koriander
Salz | Pfeffer
2–3 EL Öl
150 g Gorgonzola

Die Süßkartoffeln schälen und fein raspeln. Mit etwas Salz mischen und 30 Minuten ruhen lassen. Den Backofen auf 220° C Ober- und Unterhitze vorheizen. Den Lauch putzen, längs vierteln, waschen und gründlich abtrocknen, dann in möglichst feine Streifen schneiden. Die Petersilie waschen und trocken tupfen, die Blätter abzupfen und fein hacken. Die Süßkartoffelraspel kräftig ausdrücken. Dann mit Lauch, Petersilie, Haferflocken, Eiern und Gewürzen mischen, mit Salz und Pfeffer würzen und kräftig verkneten.

Ein Blech mit Backpapier auslegen. Aus der Süßkartoffelmasse kleine, 2–3 cm dicke Taler formen und auf das Blech legen. Im heißen Backofen etwa 20 Minuten backen, bis sie leicht gebräunt sind, dabei nach 10 Minuten mit dem Öl bepinseln.

Gorgonzola in Scheiben schneiden und auf die Taler legen. Die Hitze auf 100° C reduzieren und den Käse einige Minuten schmelzen lassen. Dann herausnehmen und servieren, z. B. mit Pflücksalat, Schinkenröllchen, Walnüssen, Blaubeeren und Honig-Senf-Dressing (siehe Seite 56/57).

# Kleiner Blaubeerauflauf (Clafoutis)

## Zutaten

Für 4 Personen

200 g Blaubeeren
1 EL Butter
1 – 2 EL Weichweizengrieß
2 Eier (M)
40 g Zucker
1 Pck. Bourbon-Vanillezucker
Salz
100 ml Milch
70 g Weizenmehl (Type 405)
1 – 2 EL Puderzucker

Den Backofen auf 200° C Ober- und Unterhitze vorheizen. Die Blaubeeren waschen, abtropfen lassen und trocken tupfen. 4 ofenfeste Förmchen (à 10 cm Ø) mit der Butter einfetten und mit dem Grieß ausstreuen. Die Blaubeeren auf die Förmchen verteilen.

Für den Teig die Eier mit den Quirlen des Handrührgeräts schaumig schlagen. Zucker, Vanillezucker und 1 Prise Salz unter Rühren einrieseln lassen. Abwechselnd Milch und Mehl unterrühren.
Den Teig über die Blaubeeren gießen und die Clafoutis im heißen Backofen auf der mittleren Schiene etwa 20 Minuten backen, bis sie gut gebräunt und der Teig durchgebacken ist. Dabei gegebenenfalls abdecken, sobald die Aufläufe ausreichend gebräunt sind.

Die fertigen Clafoutis aus dem Ofen nehmen und etwas abkühlen lassen. Dann mit Puderzucker bestäuben und noch warm in den Förmchen servieren.

# Taubenbrust mit Kräuter-Dinkel und Trüffelschaum

## Zutaten

Für 4 Personen

Für den Dinkel:
200 g Dinkel
Salz
1 Stange Lauch
1 Knoblauchzehe
100 g Sahne
100 g trockener Weißwein (z. B. Weißburgunder)
Pfeffer
frisch geriebene Muskatnuss
1 kleines Bund gemischte Kräuter (z. B. Petersilie, Schnittlauch, Dill, Estragon)

Für den Schaum:
1 Knoblauchzehe
2 EL Trüffelbutter
1 EL fein geriebener Parmesan
50 ml trockener Weißwein (z. B. Weißburgunder)
100 g Sahne
Salz | Pfeffer

Für das Fleisch:
8 Taubenbrüste (à ca. 70 g)
Salz | Pfeffer
2 EL Butterschmalz

Am Vortag den Dinkel mit ausreichend Wasser bedecken und über Nacht einweichen lassen. Am nächsten Tag das Einweichwasser abgießen. Den Dinkel in einem Topf mit der doppelten Menge leicht gesalzenem Wasser zum Kochen bringen. Bei schwacher bis mittlerer Hitze mit schräg aufgelegtem Deckel etwa 20 Minuten gar köcheln lassen.

Inzwischen den Lauch putzen, in feine Ringe schneiden, waschen und abtropfen lassen. Den Knoblauch schälen und fein würfeln. Lauch und Knoblauch in einem Topf mit Sahne und Weißwein zum Köcheln bringen und den Lauch darin zugedeckt bei schwacher bis mittlerer Hitze 6 – 7 Minuten weich dünsten. Den Dinkel abgießen und dazugeben, mit Salz, Pfeffer und Muskatnuss würzen und zugedeckt warm halten.

Den Backofen auf 180° C Ober- und Unterhitze vorheizen. Für den Trüffelschaum den Knoblauch schälen und fein würfeln. Mit der Trüffelbutter in einem Topf bei schwacher Hitze andünsten. Parmesan und Weißwein dazugeben, die Sahne angießen, mit Salz und Pfeffer abschmecken und zugedeckt warm halten.

Die Taubenbrüste kalt abspülen und trocken tupfen. Mit Salz und Pfeffer würzen. Butterschmalz in einer Pfanne erhitzen, die Taubenbrüste darin rundherum anbraten, bis sie leicht gebräunt sind. Dann auf einem mit Backpapier ausgelegten Rost im Backofen etwa 5 – 6 Minuten fertig garen. Inzwischen für den Dinkel die Kräuter waschen und trocken tupfen, Schnittlauch in feine Röllchen schneiden, von den übrigen Kräutern Blätter bzw. Spitzen abzupfen und fein hacken. Fertige Taubenbrüste aus dem Ofen nehmen und unter Alufolie kurz ruhen lassen. Die Trüffelbutter-Sahne-Mischung mit einem Stabmixer schaumig schlagen. Die Kräuter unter den Dinkel heben.

Dinkel auf Teller verteilen. Taubenbrüste darauf anrichten. Den Trüffelschaum rundherum träufeln und sofort servieren.

# Täubchen mit Sanddornsoße

## Zutaten

Für 4 Personen

Für das Fleisch:
1 Zwiebel
2 Stängel Petersilie
40 g italienischer Hartkäse (z. B. Pecorino)
1/2 Bio-Zitrone
30 g Butter
100 g Knödelbrot
50 ml Milch
2 Eier (M)
1 EL Weizenmehl (Type 405)
Salz | Pfeffer
frisch geriebene Muskatnuss
2 Wildtauben (ausgenommen)
12 Baconscheiben (ca. 150 g)
2 EL Butterschmalz
100 ml Geflügelfond

Außerdem:
150 g gelbe Möhren
150 g Kohlrabi
150 g Süßkartoffel
1 kleine Zwiebel
1 Knoblauchzehe
1 EL + 40 g Butter
100 ml trockener Weißwein (z. B. Sauvignon blanc)
100 ml Geflügelfond
100 g Sanddornmark (oder Sanddorn-Orange)
Salz | Weißer Pfeffer
1 EL Zitronensaft
1 TL Honig
frisch geriebene Muskatnuss

Für die Taubenfüllung die Zwiebel schälen und fein würfeln. Petersilie waschen und trocken tupfen, die Blätter abzupfen und fein hacken. Den Käse fein reiben. Die Zitrone heiß waschen und abtrocknen. Die Schale fein abreiben, den Saft auspressen.

Butter in einer Pfanne erhitzen, die Zwiebelwürfel darin glasig dünsten. Petersilie kurz mitdünsten. Zuletzt Zitronenschale und 1 EL Saft unterrühren. Den Pfanneninhalt in einer Schüssel mit Knödelbrot, Milch, Eiern, Käse und Mehl mischen. Mit Salz, Pfeffer und Muskatnuss würzen, kräftig verkneten und 30 Minuten ruhen lassen.

Den Backofen auf 200° C Ober- und Unterhitze vorheizen. Die Tauben innen und außen kalt abspülen und trocken tupfen. Mit Salz und Pfeffer von innen und außen würzen. Die Tauben mit der Knödelmasse füllen. Anschließend die Schenkel mit Küchengarn zusammenbinden. Die Tauben mit den Baconscheiben belegen und anschließend mit Küchengarn wie einen Braten zusammenbinden.

Butterschmalz in einer Pfanne erhitzen, die Tauben darin rundherum anbraten. Dann in einen Bräter legen, den Fond angießen und etwa 30 Minuten im Ofen backen.

Inzwischen das Gemüse schälen bzw. putzen und waschen und fein würfeln. Möhren- und Kohlrabiwürfel in einem Topf mit Dämpfeinsatz über kochendem Wasser 1 Minute dämpfen. Die Süßkartoffelwürfel hinzufügen und alles weitere 3–4 Minuten bissfest dämpfen. In ein Sieb abgießen, kalt abschrecken und abtropfen lassen.

Für die Soße die Zwiebel und den Knoblauch schälen und fein würfeln. 1 EL Butter in einer Pfanne erhitzen, die Zwiebel- und Knoblauchwürfel darin andünsten, bis sie glasig sind. Mit dem Weißwein ablöschen und diesen etwas verkochen lassen. Dann den Fond dazugeben und wieder etwas einkochen lassen. Schließlich das Sanddornmark hinzufügen und kurz erhitzen. Mit Salz und weißem Pfeffer abschmecken.

Für das Gemüse 40 g Butter, Zitronensaft und Honig in einem Topf erhitzen. Das Gemüse darin schwenken, bis es heiß ist. Mit Salz, weißem Pfeffer und Muskatnuss abschmecken. Die Tauben aus dem Ofen nehmen und mit dem Gemüse und der Soße anrichten. Bei Tisch halbieren.

# Schritt für Schritt zum köstlichen Menü

Um ein Menü aus Vorspeise, Hauptgericht und Nachspeise in angemessenen Zeitabständen auf den Tisch zu bringen und seine Gäste nicht zu lange warten zu lassen, braucht es eine gute Organisation. Dabei unterscheidet sich die Zubereitungsfolge zuweilen von den Schritten in den Einzelrezepten. Hier eine kleine Hilfe, um das Menü stressfrei zu kochen, und die passende Getränkebegleitung für spezielle Anlässe zu finden.

## Rucolasalat mit Pilzen, Schalotten und Parmesan (S. 32)
## Wildschweinsteaks in Kaffeekruste (S. 30)
## Kaffee-Parfaits mit Pistazien-Krokant (S. 33)

**Zubereitung:**

1. Am Vortag die Parfaits vorbereiten und über Nacht gefrieren lassen.
2. Am nächsten Tag rechtzeitig die Gnocchi zubereiten.
3. Während der Ruhezeit zunächst das Krokant zubereiten, noch nicht zerkleinern. Dann das Salatdressing zubereiten und die Salatzutaten vorbereiten.
4. Zutaten für das Fleisch vorbereiten, das Lauchgemüse zubereiten.
5. Erst jetzt den Backofen vorheizen. Pilze braten, die Vorspeise fertigstellen und servieren.
6. Fleisch zubereiten, Gnocchi braten, Lauch erwärmen. Das Hauptgericht fertigstellen und servieren.
7. Krokant zerkleinern. Das Dessert fertigstellen und servieren.

**Getränketipp:**

**Vorspeise:** Cava, Cremant oder Champagner

**Hauptgericht:** Rotwein, z. B. Cabernet sauvignon, Merlot oder Spätburgunder, eventuell im Barriquefass gereift, Bier, z. B. Stout, Brown Ale oder Belgisches Trappist Tripel

**Dessert:** Dessertwein, z. B. Riesling Spätlese oder die Biere vom Hauptgericht

## Birnen-Carpaccio mit Ziegenkäse und Honig (S. 44)
## Wildschweinfilet mit Sellerie-Birnen-Püree (S. 42)
## Ziegenkäse-Pannacotta mit Thymian-Karamell (S. 45)

**Zubereitung:**

1. Rechtzeitig die Pannacotta zubereiten und kühl stellen.
2. Das Püree zubereiten und zugedeckt warm halten. Den Backofen vorheizen.
3. Die Carpaccio-Zutaten vorbereiten. Den Rosenkohl vorbereiten.
4. Die Vorspeise fertigstellen und servieren. Währenddessen den Rosenkohl garen.
5. Den Rosenkohl warm stellen. Das Hauptgericht fertigstellen und servieren.
6. Das Karamell zubereiten. Das Dessert fertigstellen und servieren.

**Getränketipp:**

**Vorspeise:** Cava, Cremant, Champagner; Weißwein, z. B. Silvaner, Weißburgunder; Bier, z. B. Pils, helles Weizenbier

**Hauptgericht:** Bier, z. B. Pils, dunkles Lager; Weißwein: Grüner Veltliner; Tawny Port

**Dessert:** Bier, z. B. fruchtiges Pale Ale; Weißwein, z. B. Silvaner, Weißburgunder oder Riesling Auslese

## Flädlesuppe mit Kräutern (S. 62)
## Wildrouladen mit Schupfnudeln (S. 60)
## Weinschaumcreme mit Cantuccini-Bröseln (S. 63)

**Zubereitung**

1. Den Suppenfond zubereiten und 1 1/2 Stunden köcheln lassen.
2. Nach 1 Stunde die Rouladen vorbereiten und garen. Die Kartoffeln garen.
3. Für die Suppe die Zwiebel bräunen und den Fond 30 Minuten fertig garen.
4. Schupfnudeln zubereiten, garen und abkühlen lassen.
5. Flädleteig zubereiten. Rouladen und Soße fertigstellen und zugedeckt warm stellen.
6. Pfannkuchen braten und daraus Flädle schneiden. Die Suppe fertigstellen und servieren.
7. Für das Hauptgericht Schupfnudeln braten, die glasierten Trauben zubereiten. Das Hauptgericht fertigstellen und servieren.
8. Für das Dessert das Glas mit den Cantuccini-Bröseln befüllen. Weinschaumcreme zubereiten. Das Dessert fertigstellen und servieren.

**Getränketipp:**

**Vorspeise:** Weißwein, z. B. Badischer Gutedel, Chardonnay oder Riesling

**Hauptgericht:** Rotwein, z. B. Badischer Spätburgunder oder Rioja

**Dessert:** Den gleichen Wein wie für das Dessert verwendet, z. B. Riesling Kabinett oder Sauvignon blanc

## Champignon-Rahmsuppe mit Speck-Croûtons (S. 86)
## Hirschgulasch mit Steinpilzen und Semmelknödeln (S. 84)
## Bratäpfel mit Hagebuttenschaum (S. 87)

**Zubereitung:**

1. Das Gulasch zubereiten und 2 Stunden schmoren lassen.
2. Die Knödelmasse vorbereiten.
3. Für das Dessert die Streusel zubereiten. Die Äpfel vorbereiten und füllen.
4. Die Suppe zubereiten. Währenddessen die Knödel formen. Wasser für die Knödel aufsetzen.
5. Die Croûtons braten. Die Suppe fertigstellen. Knödel im leicht siedenden Wasser garen, die Suppe servieren.
6. Das Gulasch fertig stellen. Pilze braten. Mit den abgetropften Knödeln anrichten und servieren. Den Backofen auf 200°C vorheizen.
7. Wenn sich der Hauptgang dem Ende zuneigt, die Äpfel im Ofen garen. Noch ein wenig Zeit mit den Gästen verbringen.
8. Hagebuttenschaum zubereiten. Mit den fertigen Äpfeln anrichten und servieren.

**Getränketipp:**

**Vorspeise:** Winzersekt oder Cremant; Weißwein, z. B. Weißburgunder oder Chardonnay, z. B. Rotwein: Spätburgunder

**Hauptgericht:** Rotwein, z. B. Spätburgunder, Bordeaux, Merlot oder Dornfelder; Bier, z. B. Schwarzbier

**Dessert:** Den gleichen Wein wie für das Dessert verwendet, z. B. Riesling

## Crostini mit Brie, Roten Beten und Balsamico-Zwiebeln (S. 102)
## Hasenrücken im Blätterteig mit Thymian-Honig-Beten (S. 100)
## Geeiste Mascarpone-Nocken (S. 103)

**Zubereitung:**

1. Ohne Eismaschine das Mascarpone-Eis bereits am Vortag zubereiten. Sonst rechtzeitig am Kochtag zubereiten und bis zur Verwendung ins Tiefkühlfach stellen.
2. Für die Vorspeise Rote Bete backen. Für das Hauptgericht die gemischte Bete garen.
3. Die Blätterteigröllchen vorbereiten. Für das Dessert die Schokogitter und den Balsamico-Sirup zubereiten.
4. Die Kirschsoße zubereiten. Gemischte Bete schälen und ofenfertig vorbereiten.
5. Die Rote Bete aus dem Backofen nehmen, die Temperatur auf 100° C reduzieren.
6. Die Crostini belegen und überbacken. Dann fertigstellen und servieren. Inzwischen die Backofentemperatur auf 220° C erhöhen.
7. Nach der Vorspeise die Blätterteigröllchen backen. Die Bete 5 Minuten mit garen. Das Eis aus dem Tiefkühlfach nehmen. Den Hauptgang fertigstellen und servieren.
8. Vom Eis Nocken abstechen und auf Schälchen verteilen. Das Dessert fertigstellen und servieren.

**Getränketipp:**

**Vorspeise:** Cava, Cremant oder Champagner; Rotwein, z. B. junger Merlot; Cider

**Hauptgericht:** Cava, Cremant oder Champagner; Rotwein, z. B. junger Merlot oder Grenache

**Dessert:** Cava, Cremant oder Champagner; Portwein; toskanischer Vin Santo

## Rote-Bete-Gazpacho mit Dill-Schaum (S. 114)
## Geschmortes Kaninchen (S. 112)
## Blätterteig-Tartelettes mit Baiserhaube (S. 115)

**Zubereitung:**

1. Für das Hauptgericht den Backofen auf 220° C Ober- und Unterhitze vorheizen. Fond vorbereiten.
2. Die Gazpacho zubereiten und kühl stellen.
3. Den Backofen auf 200° C Ober- und Unterhitze vorheizen. Das Kaninchen zubereiten, die Kartoffeln backen. Gemüse für das Kaninchen vorbereiten.
4. Den Blätterteig zum Backen vorbereiten. Für die Vorspeise den Schaum zubereiten. Das Gemüse zum Kaninchen geben. Die Gazpacho fertigstellen und servieren.
5. Kartoffeln aus dem Ofen nehmen, den Backofengrill auf 250° C Ober- und Unterhitze erhitzen. Kaninchenteile aus der Pfanne nehmen und kurz übergrillen. Die Soße fertigstellen.
6. Die Backofentemperatur auf 200° C herunterschalten. Das Hauptgericht anrichten und servieren.
7. Gegen Ende des Hauptgerichts kurz den Blätterteig in den Ofen schieben und noch ein wenig Zeit mit den Gästen verbringen.
8. Die Baisermasse zubereiten, auf den Blätterteig spritzen und fertig backen.
9. Das Dessert anrichten und servieren.

**Getränketipp:**

**Vorspeise:** Weißwein, z. B. Chardonnay; kräftiger Roséwein; Rotwein, z. B. junger Cabernet sauvignon

**Hauptgericht:** kräftiger Roséwein, Weißwein, z. B. Weißburgunder; Rotwein, z. B. Rioja; Gin Tonic; Ginger Beer

**Dessert:** Ginger Beer; Orangenlikör; beides gerne auch gemischt

## Zwiebelsuppe mit Riesling (S. 134)
## Gepökelte Gänsebrust mit Rieslingkraut (S. 132)
## Crêpes mit Riesling-Äpfeln (S. 135)

**Zubereitung:**

1. 5 Tage vor dem Essen das Fleisch pökeln.
2. Am Kochtag den Crêpes-Teig vorbereiten.
3. Die Suppe kochen und zugedeckt warm halten.
4. Den Backofen auf 180° C Ober- und Unterhitze vorheizen. Das Sauerkraut zubereiten und warm halten.
5. Die Gans zum Backen vorbereiten. Brotscheiben vorbereiten. Die Suppen zum Überbacken vorbereiten und in den Ofen schieben.
6. Die Suppe herausnehmen, stattdessen die Gans backen. Die Vorspeise servieren.
7. Die Gans fertig backen. Die Äpfel für das Dessert vorbereiten.
8. Die Backofentemperatur auf 80° C reduzieren. Das Hauptgericht fertigstellen und servieren.
9. Die Äpfel dünsten und im Ofen warm halten. Die Crêpes backen, fertige Crêpes ebenfalls warm halten. Das Dessert fertigstellen und servieren.

**Getränketipp:**

**Vorspeise:** Weißwein, z. B. Riesling aus dem Elsass, von der Mosel oder aus Baden

**Hauptgericht:** Weißwein, z. B. Riesling aus dem Elsass, von der Mosel oder aus Baden

**Dessert:** Weißwein, z. B. Riesling Auslese oder Beerenauslese

## Süßkartoffeltaler mit Gorgonzola (S. 142)
## Fasanenkeule mit Süßkartoffelpüree (S. 140)
## Kleiner Blaubeerauflauf (Clafoutis) (S. 143)

**Zubereitung:**

1. Süßkartoffeln raspeln und ruhen lassen.
2. Für das Hauptgericht die Marinade zubereiten.
3. Den Backofen auf 220° C Ober- und Unterhitze vorheizen. Die Püreezutaten vorbereiten. Die Masse für die Süßkartoffeltaler fertigstellen.
4. Die Taler formen und backen. Püreezutaten garen.
5. Clafoutisförmchen vorbereiten und die Blaubeeren einfüllen.
6. Für den Hauptgang die Blaubeersoße vorbereiten. Die Backofentemperatur auf 200° C reduzieren.
7. Die Süßkartoffeltaler aus dem Ofen nehmen. Fasan backen, zwischendurch kurz mit der Marinade bestreichen. Püreezutaten abgießen und zugedeckt warm halten.
8. Die Vorspeise fertigstellen und servieren.
9. Püree fertigstellen. Fasanenkeule mit Püree und Soße anrichten und servieren.
10. Den Dessertteig zubereiten, backen. Fertigstellen und servieren.

**Getränketipp:**

**Vorspeise:** Weißwein, z. B. Riesling aus dem Elsass, von der Mosel oder aus Baden

**Hauptgericht:** Rotwein, z. B. Spätburgunder, Malbec oder Grenache; Weißwein, z. B. Sauvignon blanc

**Dessert:** Weißwein, z. B. Muskateller oder Riesling Auslese; Cream Sherry; Tawny Port

# Autorenporträt

Martin Kintrup lebt auf einem Bauernhof am Stadtrand von Münster. Sein Vater ist auch mit 81 Jahren noch ein begeisterter Gärtner. Die Liebe zur Natur bekam Martin also schon in die Wiege gelegt. Als nach dem Abitur die Studienwahl anstand, entschied er sich für die Landschaftsökologie. Während des Studiums entdeckte er seine zweite große Liebe: das Kochen! In einem Restaurant in Münster kochte er mehrere Jahre mit großer Freude und entdeckte, wie vielfältig und lecker unter anderem die fleischlose Küche sein kann.

Mit dem ersten Buch VEGETARISCH AUS ALLER WELT wurde das Schreiben über das Kochen zu Martins Beruf. Doch auch mit der Fleischeslust kennt er sich aus und so gehören zudem Titel wie DIE BURGER-FORMEL oder STREETFOOD zu seinem Portfolio. Seit rund 18 Jahren arbeitet er nun schon erfolgreich als Autor, inzwischen auch als Foodstylist. In dieser Zeit sind von ihm rund 50, zum Teil preisgekrönte, Bücher erschienen – teils vegetarisch, teils mit Fleisch, häufig mit nachhaltigen Themen und immer richtig lecker. Mit seinen Büchern vereint Martin seine zwei großen Passionen und beweist, dass eine nachhaltige Lebensweise und grenzenloser Genuss kein Widerspruch sein müssen.

# PESTO SELBST MACHEN – MIT DER ERNTE AUS DEM EIGENEN GARTEN

**Mit Pesto durch das Jahr**
Direkt vom Beet auf den Teller

Felix Schäferhoff

112 Seiten | 19,5 x 24,5 cm
Hardcover
€ 18,00 [D] | € 18,50 [A] | CHF 25,90

ISBN 978-3-7843-5653-2

# Von der Hand in den Mund: Vielseitige Häppchen - Rezepte einfach und schnell gemacht

**Fingerfood und Partyhäppchen**
Landfrauen verraten ihre besten Rezepte

146 Seiten | 20 x 20 cm
Spiralbindung
€ 22,00 [D] | € 22,60 [A] | CHF 30,90

ISBN 978-**3**-7843-5671-6

# Impressum

LV·Buch im Landwirtschaftsverlag GmbH, 48084 Münster


2. Auflage 2022



Herausgegeben vom Wochenblatt für Landwirtschaft und Landleben

Fotografie: Merle Weidemann
Lektorat: Melanie Suttarp
Gestaltung: Anne Gäng, LV MediaPro im Landwirtschaftsverlag GmbH
Covergestaltung: Martha Lajewski, LV MediaPro im Landwirtschaftsverlag GmbH
Druck: Westermann Druck Zwickau GmbH

ISBN 978-3-7843-5694-5

# Notizen